RADICALIZE

ALEX & BRETT HARRIS

RADICALIZE

UM DESAFIO PARA FAZER DIFERENÇA NA ADOLESCÊNCIA

Traduzido por OMAR DE SOUZA

mundocristão
São Paulo

Publicado originalmente por WaterBrook Multnomah Publishing Group, Divisão da Random House, Colorado, EUA.

Dados Internacionais de Catalogação na Publicação (CIP)
(Câmara Brasileira do Livro, SP, Brasil)

Harris, Alex
Radicalize: um desafio para fazer diferença na adolescência / Alex & Brett Harris; traduzido por Omar de Souza. — São Paulo: Mundo Cristão, 2010.

Título original: Do Hard Things
ISBN 978-85-7325-610-9

1. Autorrealização (Psicologia) - Aspectos religiosos - Cristianismo 2. Autorrealização (Psicologia) em adolescente 3. Expectativa (Psicologia) - Aspectos religiosos - Cristianismo 4. Psicologia do adolescente I. Harris, Brett, 1988-. II. Título.

10-01684 CDD-248.83

Índice para catálogo sistemático:
1. Adolescente : Autorrealização : Aspectos religiosos : Cristianismo 248.83
Categoria: Adolescente

Publicado no Brasil com todos os direitos reservados por:
Editora Mundo Cristão
Rua Antônio Carlos Tacconi, 79, São Paulo, SP, Brasil — CEP 04810-020
Telefone: (11) 2127-4147
Home page: www.mundocristao.com.br

1ª edição: maio de 2010

Aos nossos pais, Gregg e Sono Harris.
Este livro é a mensagem de sua vida.
Nosso triunfo é o seu triunfo. Amamos vocês.

SUMÁRIO

AGRADECIMENTOS

À Apple, pelo MacBook Pro e pelo iPod Nano.

A Dawn Eden, por acolher como amigos dois blogueiros adolescentes e inexperientes, incentivando-nos a prosseguir. Significou muito para nós.

Aos blogueiros *rebelucionários* originais, que ajudaram a lançar o movimento, em 2005: Tim Sweetman, Alex King, Jake Smith, David Ketter, Kristin Braun, Chloe Anderson, Travis Henry, Karen Kovaka, David MacMillan III, Cody Herche e Marshall Sherman.

Ao juiz Tom Parker, por ser um modelo de sabedoria, integridade e humildade como jurista, e por assumir grande risco ao permitir que dois jovens recebessem responsabilidades tão grandes.

Aos advogados e promotores na corte, por acreditarem, como nós, que adolescentes de 16 anos podem fazer coisas radicais e por nos orientar durante o período de estágio.

A Rebekah Guzman, que nos elevou o espírito com seu entusiasmo e apoio no período de apresentação dos originais deste livro e durante os momentos em que tivemos de tomar decisões difíceis. E ao seu marido, Ben. Nunca esqueceremos dos jogos de minigolfe, das brincadeiras e das buscas por restaurantes de cozinha alemã.

A Fred Stoeker, por todos os conselhos e dicas na elaboração desta obra. A Shannon Ethridge, por ser uma guerreira de oração e por apresentar nossa proposta à Multnomah.

A Steve Cobb, Dudley Delffs e Ken Peterson, da WaterBrook Multnomah. Obrigado por acreditarem em um livro escrito por dois autores estreantes e inexperientes. A Kevin Loechl, por rever o contrato.

A nosso editor, David Kopp. Você acreditou neste projeto há muito tempo, em março de 2006, e desde então fez o possível para torná-lo realidade. Você é o melhor dos melhores. Obrigado por nos ajudar a melhorar a qualidade do livro. A Heather Kopp, por nos ajudar a derrubar barreiras e encontrar a estrutura oculta em nosso texto original. Este livro não teria sido possível sem você. Obrigado por todos os incríveis memorandos.

A Cheri Colburn, por seu trabalho heróico de edição de texto. Seus ajustes e suas contribuições fizeram maravilhas pelo livro. A Julia Wallace e Laura Wright, por lidarem com os detalhes finais. Obrigado por garantir que todos os nossos "is" tivessem pingo e todos os nossos "tês" tivessem traço.

A Alice Crider, Brian Thomasson e Jessica Lacy, do departamento editorial da Multnomah. A Joel Kneedler e Melissa Sturgis, da publicidade. A Tiffany Lauer, Ginia Hairston, Allison O'Hara e Amy Haddock, do marketing. A Carie Freimuth, Lori Addicott e Steve Reed, da área de vendas. A Kristopher Orr e Mark Ford, do *design* gráfico. A todos os outros da WaterBrook Multnomah cujos nomes não sabemos. O entusiasmo de vocês foi o fator decisivo em nossa decisão de escrever este livro com essa editora. Não poderíamos estar mais satisfeitos com nossa equipe.

A Jane Rohman, John Bianco, Nicole Devin e Molly Hamaker, por seu trabalho maravilhoso como divulgadores *freelance* deste livro. Estamos impressionados com o que vocês fazem.

A Evie Schmitt, por cuidar das centenas de mensagens eletrônicas, permitindo-nos dispor de tempo livre para escrever. Obrigado pelos *posters* divertidos.

A Paul e Jennifer Hartung pela fotografia da quarta capa <*www.jennlynnimages.com*>. Vocês dois são como magos por trás das lentes. Obrigado por tornar a coisa tão divertida.

Ao Centro de Retiros de Menucha e a toda a equipe, por terem sido como um segundo lar durante os momentos mais importantes e cansativos do processo de elaboração do livro. A Phyllis Thiemann, por abrir a Pousada e Lanchonete Brickhaven para nós e por nos fornecer o almoço.

Aos adolescentes cujas histórias inspiradoras não pudemos incluir no livro: Chloe e Petra Anderson, Carly Deburgh, Anna Lofgren, Jordan Schaefer, Kaytlynn Clemons, Chris Field, Haley Allen, Felicity Shepherd, Claire Halbur, Betsy Olson, Charity Edwards, Elisabeth Rifeser, Matthew Champlin, Chelsea Rankin, Adrienne Gilbert, Rebecca Moon, Elisabeth e Kirsten Gruber, Naomi Van Calster, Cornelia van Oostrum, Garret Boon, Marhta Heimsoth, Chelsea Convis, Heather Gundlach, Josh Donegani, Katy Owens, Elizabeth Probasco, Naomi Nelson, Caleb Rivera, Sydney Lubin, Victoria Cuneo, Rachel Ramm e Samantha Loftus, só para citar alguns. Um superobrigado a todos vocês. Suas histórias nos forneceram a energia de que precisávamos para chegar ao fim dessa jornada.

À nossa fantástica equipe do Fórum do site *TheRebelution.com*, que permaneceu tomando conta do forte enquanto saíamos para escrever. Superobrigado a Mark Hutchins, Jonathan Field, David Boskovic, Alex Poythress, Nathan Sleadd, Hannah Farver, JoAnna Talbott, Kristin Braun, Daniel Osborne, Lindsay Wagstaffe, Isaac MacMillen, Elisabeth Thomas, Brittany Cronin, Tim Heaton, Irene Lee, Rebekah Shinabarger, Beth Magnuson, Stephanie Olsen, Holly Donahue, Carl Gray, Ryan Farrington, Kierstyn Paulino, Abigail Snyder, Heidi Mull e Nicole Hearn.

A todos os *rebelucionários* que participam *online* e aos que vão às conferências por acreditar nesse projeto e orar por ele. Vocês são o próprio movimento. Continuem seguindo em frente e para o alto.

A Daniel e Peter Fender, por ajudarem a tornar o processo autoral muito mais do que apenas escrever. Obrigado por separarem tempo para orar conosco e por nós, e por nos incentivarem em nossa caminhada com Deus. Vocês são fontes de inspiração para nós.

A toda a família que compõe nossa igreja, o Lar da Fé. Vocês nos viram crescer, por isso também testemunharam as várias faltas que cometemos. Obrigado pela fidelidade de suas orações, por seu apoio e por seus conselhos.

A C. J. Mahaney, Steve Whitacre, Mark Dever e Jeff Purswell, por seu compromisso firme com o evangelho. Obrigado pelas exortações nos momentos certos e por expressarem sua preocupação conosco sempre com esperança e amor.

A Randy Alcorn, por tudo. Você investiu muitas horas nos orientando em cada etapa crítica do processo editorial e nos manteve concentrados na eternidade. Você sempre se fez disponível, apesar de suas inúmeras outras obrigações. Seu conselho e apoio foram inestimáveis. Você foi muito além. Não temos como expressar nossa gratidão.

A nossos incríveis irmãos mais novos, por nos liberarem para que pudéssemos nos concentrar no livro e por *segurarem a barra* dentro e fora de casa. Sarah, assistimos à nossa princesinha crescer até se transformar em uma jovem carinhosa e capaz. Obrigado por fazer todas as coisas importantes, as grandes e as pequenas, e por tornar possíveis todas as coisas que realizamos. Você é uma preciosidade. Isaac, sua disposição de servir fielmente à família e a nós é uma bênção. Obrigado por ser nosso braço-direito em todos os nossos projetos. James, suas orações fervorosas e fiéis nos ajudaram a superar os maiores obstáculos, cara. Obrigado por nos oferecer todo o amor que cabe em seu coração de criança e por todos os abraços.

Ao grande irmão Joel e sua esposa Kimberly, por torcerem por nós desde o começo e por participarem do processo editorial oferecendo contribuições muito úteis. Obrigado por serem conselheiros e amigos tão fiéis.

Ao grande irmão Josh. Obrigado por dedicar seu tempo a longos telefonemas todas as vezes que precisávamos conversar. Sempre olharemos para você como um escritor e um homem de Deus. O que você investiu em nossa vida por meio de seu exemplo e seu conselho tem sido um desafio para nós como irmãos, inspirando-nos como jovens.

A nossos pais, Gregg e Sono Harris. Seu compromisso com a sabedoria, com o trabalho e com a Palavra de Deus estabeleceu o fundamento sobre o qual vocês criaram os filhos e que provocou um impacto direto em centenas de milhares de outras pessoas. Papai e mamãe, seu investimento na produção deste livro foi enorme. Obrigado por ficarem acordados até tarde para finalizar detalhes às vésperas dos prazos de entrega, abrindo mão de seus afazeres para cuidar de nossas urgências, sempre apontando-nos o caminho da cruz. Mãe, obrigado por sempre cuidar mais de nossa alma do que de nosso sucesso. Pai, muito desta obra é resultado dos conceitos e valores que você nos ensinou desde que nascemos. Mal podemos esperar por seu próximo livro.

Ao nosso Senhor e Salvador, Jesus Cristo. Este livro é para o senhor, e somente por causa do senhor. Por várias vezes vimos como o senhor moveu as circunstâncias de maneiras muito além do que poderíamos imaginar. Apesar de merecermos a ira, o senhor nos oferece a graça.

Soli Deo Gloria!

PREFÁCIO

Quando jovem, descobri o poder de "pegar pesado" e fazer as coisas mais radicais. A terrível pobreza, o alcoolismo de meu pai, que abandonou a família, e minha timidez foram alguns dos obstáculos que tive de enfrentar e vencer conforme crescia. Minha mãe sempre me dizia: "Deus tem um plano para sua vida". E ela tinha razão. Todas as pessoas possuem potencial para alcançar a excelência. Há mesmo um herói dentro de cada um de nós. Fomos todos criados por Deus para ser bênção na vida de muitas pessoas — e um herói para algumas delas.

Mas só há uma maneira de chegar lá — e o título deste livro a descreve muito bem: *Radicalize*.

Vivemos hoje em uma cultura que estimula o conforto, e não os desafios. É tudo uma questão de encontrar atalhos para não ter de enfrentar as dificuldades, para evitar o sofrimento e esquivar-se do dever. Antigamente, esperava-se que os jovens oferecessem contribuições significativas à sociedade. Hoje em dia, nossa cultura nutre poucas expectativas em relação aos adolescentes — pouca coisa além de ir à escola e realizar meia dúzia de tarefas simples. Como triste consequência, os jovens acabam não aprendendo lições capazes de transformar sua vida.

A que devemos recorrer para motivar uma nova geração de gigantes? Eu encontrei a resposta: *Radicalize*, o livro de Alex e Brett Harris.

Conheço os gêmeos pessoalmente e posso endossar sua integridade e sabedoria. Testemunhei sua paixão pela ideia de levantar uma nova geração de jovens com espírito forte. São dois garotos impressionantes, qualificados como poucos a inspirar outras pessoas a conquistarem a excelência.

Um dos princípios que orientam minha vida é desenvolver meu potencial máximo em todas as áreas e ajudar outros a fazerem o mesmo. Brett e Alex seguem um caminho muito parecido, só que com um potencial ainda maior para alcançar jovens de todo o mundo.

Este livro é bem mais que um simples manual. A partir de uma visão histórica e inspirada dos anos da adolescência até o planejamento pessoal para ajudar os adolescentes a superarem os obstáculos mais difíceis, os autores lançam um grito de guerra capaz de derrubar a barreira cultural que impede os adolescentes de alcançarem seu potencial e desafiarem os jovens a fazer o melhor que podem com os dons que receberam de Deus.

Radicalize ajudará a recrutar, desenvolver e colocar em ação uma nova geração de jovens guerreiros contrários à cultura estabelecida. Com a ajuda de Deus, o livro que você tem em mãos prenuncia uma era em que as pessoas poderão voltar a dizer de nossa juventude: "Jovens, eu lhes escrevi, porque vocês são fortes, e em vocês a Palavra de Deus permanece e vocês venceram o Maligno" (1Jo 2:14).

Comece a ler agora mesmo. E então, radicalize!

Chuck Norris

PARTE 1

REPENSANDO A ADOLESCÊNCIA

CAPÍTULO 1

MUITA GENTE NÃO ACREDITA

Um livro diferente sobre a adolescência

A maioria das pessoas não considera você capaz de compreender as coisas sobre as quais vamos falar neste livro. E, mesmo que compreenda, ninguém acha que se importará. E, ainda que se importe, não há expectativas de que você faça alguma coisa a respeito. E, se fizer, quem acreditaria no sucesso dos resultados? Bem, nós acreditamos.

Este é um tipo diferente de livro sobre a adolescência. Vasculhe a internet ou dê uma volta entre as prateleiras da livraria mais perto de sua casa. Você encontrará muitos livros escritos por gente na casa dos quarenta e poucos anos que, tipo assim... entende muito o que significa ser um adolescente. Verá um bocado de livretinhos descartáveis, a preço de banana, dirigidos a adolescentes porque, acredita-se, os jovens de hoje não estão nem aí para a leitura. E ainda descobrirá uma ampla variedade de títulos cujo conteúdo é tão raso que nem vale a pena ler pela segunda vez. Tipo assim... feitos para você.

O que você tem em mãos neste momento é um livro desafiador *escrito para* e *por* adolescentes que acreditam no potencial de nossa geração para uma mudança agora mesmo — uma turma que está pronta para algo que não prometa uma vida inteiramente nova se você comprar o *jeans* da moda ou usar a marca certa de desodorante. Acreditamos que nossa geração esteja pronta para repensar o que os adolescentes são capazes de fazer e se tornar. E notamos que, quando as ideias equivocadas são desprezadas e banidas, a nossa geração não demora muito a escolher um caminho melhor, mesmo que seja mais difícil.

Somos irmãos gêmeos de dezenove anos, nascidos e criados no Oregon, ensinados por nossos pais, desde o berço, a fazer o possível para seguir a Cristo da melhor maneira que nos for possível. Já ultrapassamos a nossa cota de erros, e, embora não acreditemos na existência do "adolescente médio", não há nada de tão extraordinário no que diz respeito a nós, em termos pessoais. Ainda assim, passamos por algumas experiências formidáveis. Aos dezesseis anos, fizemos um estágio na Suprema Corte do Alabama. Aos dezessete, trabalhamos como diretores regionais em quatro campanhas políticas estaduais.

Aos dezoito, colocamos no ar o *blog* cristão mais popular da internet. Falávamos com milhares de adolescentes e seus pais por meio de videoconferências com a participação de pessoas de todo o território norte-americano e até do exterior. Alcançávamos milhões de pessoas via internet. No entanto, se os anos de nossa adolescência têm sido diferentes dos da maioria dos jovens, isso não acontece por sermos, de algum modo, diferentes dos outros adolescentes, mas porque somos motivados por uma ideia tão simples quanto grandiosa. Trata-se de uma ideia que você vai encontrar por conta própria nas páginas a seguir.

Temos observado como o conceito que serve de base para este livro tem potencial para transformar adolescentes "medianos" em pessoas capazes de transformar o mundo e realizar façanhas inacreditáveis. E eles começaram simplesmente demonstrando disposição de romper com aquele modelo que a sociedade mantém a respeito das limitações dos jovens dessa faixa de idade.

Assim, embora a história comece conosco, este livro não é sobre nós, e nunca foi a nossa intenção fazê-lo assim. Ele trata de algo que Deus está fazendo no coração e na mente de nossa geração. Este livro é sobre uma ideia. É sobre um movimento de rebeldia contra a tendência de subestimar o adolescente. É sobre uma mobilização que está mudando as atitudes e as ações de adolescentes em todo o mundo. E queremos que você faça parte desse processo.

Este livro convida você a analisar algumas questões radicais:

- É possível que, embora os adolescentes de hoje tenham mais liberdade do que em qualquer outro momento da História, estejamos mesmo desperdiçando alguns dos melhores anos de nossa vida?

- É possível que aquilo que a nossa cultura diz a respeito do propósito e do potencial dos anos da adolescência seja uma mentira da qual somos as vítimas?
- É possível que os anos de nossa adolescência nos ofereçam uma oportunidade singular de alcançar grandes realizações, tanto pessoais quanto coletivas?
- E, por fim, como seria a nossa vida se seguíssemos outra trilha completamente diferente — uma trilha que exigisse mais esforço, mas que também acenasse com uma recompensa muito maior?

Descrevemos essa trilha alternativa com duas palavras bem simples: *pegue pesado*.

Se você for como a maioria das pessoas, sua primeira reação à expressão "pegue pesado" será mais ou menos assim: "Epa, espere um pouco. Pegar pesado? Olha só, acabo de lembrar que eu tinha outra coisa importante para fazer. Fui!".

Podemos entender esse tipo de reação. Ela nos faz recordar uma história de que gostamos de contar sobre um grupo de monges. Sim, isso mesmo: monges. Nas cercanias de uma cidadezinha da Alemanha fica a abadia imaginária de Dundelhoff. Esse pequeno monastério de pedra abriga uma seita fechada de monges, os Encardidos. Todos fizeram um voto: viver uma vida de autonegação contínua e rejeição total à satisfação material.

Em vez de usar camisetas e calças jeans bem confortáveis, como a maioria das pessoas, esses monges usam roupas nojentas feitas com pele de bode ou com elos de ferro trançados, como nas armaduras, tudo isso colocado diretamente sobre a pele. Em vez de se deitar em travesseiros macios, edredons cheirosos e cobertas quentinhas, eles dormem sobre o chão de pedra fria da abadia. Você já deve ter lido em algum lugar que os monges são cozinheiros fabulosos, não é? Bem, não esses dos quais estamos falando. Eles comem uma gororoba sem cor e sem gosto... uma vez por dia. E só bebem água quente.

Poderíamos prosseguir com o relato, mas é provável que você já tenha tido uma boa ideia. Não importam as decisões que eles tenham de tomar, os monges Encardidos sempre escolhem a opção mais difícil, aquela que proporciona mais desconforto físico, que tem menos apelo, que oferece menos diversão. Por quê? Bem, porque eles acreditam que, quanto mais sofrerem, mais santos serão; e, quanto mais santos forem, mais agradarão a Deus.

Sendo assim, esses monges que vivem dessa maneira tão difícil devem ser nossos modelos para "pegar pesado", certo?

Errado!

O nosso objetivo não é tornar sua vida um suplício. Não estamos recomendando que você faça nada difícil demais. Por exemplo, não estamos aconselhando você a roubar um banco, pular de um penhasco, escalar uma montanha difícil sem equipamentos de alpinismo ou ficar de cabeça para baixo por 24 horas seguidas. Não estamos dizendo que você deve fazer essas coisas sem sentido (ou ridículas) só porque são difíceis. E, com certeza, não estamos dizendo a você que, se trabalhar duro ou rejeitar qualquer forma de conforto deliberadamente, Deus passará a amá-lo mais. Ele não pode amar você mais do que já ama neste momento.

Agora que você já sabe o que *não estamos* fazendo, vamos dizer o que *estamos* fazendo: desafiando você a abraçar uma alternativa ainda mais empolgante para os anos de sua adolescência do que aquilo que a sociedade de hoje em dia considera "normal". De certa forma, essa opção foi perdida em nossa cultura, e a maioria das pessoas sequer a conhece. Nas páginas a seguir, você vai conhecer gente jovem que redescobriu esse caminho melhor — uma trilha que permite chegar mais longe e mais alto, sonhar mais, crescer e se desenvolver, amar e honrar a Deus, viver com mais alegria e parar de desperdiçar o que a vida tem para oferecer.

Em *Radicalize* não nos limitamos a dizer que há uma maneira mais legal de viver os anos da adolescência; também mostramos a você como nós e outros milhares de adolescentes estamos fazendo isso agora mesmo. E você também pode fazer.

CAPÍTULO 2

O NASCIMENTO DE UMA GRANDE IDEIA

Rumores de uma *rebelução*

O verão de 2005, quando ainda tínhamos dezesseis anos, não foi nada fácil — nem tanto por causa das coisas que fizemos, mas pelas que deixamos de fazer. Durante anos, enquanto cursávamos o Ensino Médio, estivemos envolvidos em debates e palestras, e dedicávamos a maior parte das férias de verão a pesquisas para os temas do semestre seguinte e à preparação de palestras para eventos individuais. Nossos pais decidiram que estava na hora de fazermos outras coisas na vida, e ao mesmo tempo que concordamos com aquela decisão, também nos sentimos um pouco perdidos.

Em certo sentido, achamos aquela mudança positiva, mas nos faltava ainda um norte; não tínhamos muita certeza do que deveríamos fazer na vida, ou mesmo do que aconteceria a seguir. Sabíamos qual era o nosso objetivo: fazer alguma coisa relevante. Mas o quê? A impressão que tínhamos era que Deus fechava a porta toda vez que fazíamos algum plano. Estávamos no ar. No limbo.

Foi aí que nosso pai entrou em ação.

"Preparei para vocês dois um programa intenso de leitura neste verão", ele anunciou certa manhã, colocando uma pilha enorme de livros sobre o balcão da cozinha.

Olhamos um para o outro, preocupados. Adoramos ler, mas havia alguma coisa no jeito de o nosso pai usar a palavra "intenso" que chamou a nossa atenção — isso e a largura dos livros que ele colocou sobre o balcão. A pilha incluía livros sobre os mais diversos assuntos: história, filosofia, teologia, sociologia, ciência, negócios, jornalismo e globalização.

Nos meses seguintes, não fizemos quase nada além de ler. Preparamos resumos de livros como *O ponto de desequilíbrio*, de Malcolm Gladwell;[1] *The Rise of Theodore Roosevelt* [A ascensão de Theodore Roosevelt], de Edmund Morris;[2] *Verdade absoluta*, de Nancy Pearcey;[3] *O tecido do cosmo*, de Brian Greene;[4] e *O mundo é plano*, de Thomas Friedman,[5] entre outros. Quanto mais líamos, mais a nossa mente se enchia de pensamentos empolgantes (e, ao mesmo tempo, perturbadores) sobre este mundo que muda com tanta rapidez e a posição que nossa geração ocupa dentro dele.

Começamos a perceber que, embora os livros que estávamos lendo fossem todos escritos por adultos, os adolescentes constituíam o público que mais precisava despertar para seu conteúdo. Afinal de contas, os adolescentes são apenas as pessoas que um dia viverão no mundo descrito nesses livros, mas também serão convocados a liderá-lo. Aquela leitura nos convenceu de que os anos da adolescência tinham de ser mais significativos do que sugeria a cultura.

Decidimos inaugurar um *blog* que servisse como um espaço no qual poderíamos compartilhar nossas reflexões com amigos e quaisquer outras pessoas que estivessem enfrentando os mesmos questionamentos. Sabíamos que precisávamos de uma área onde fosse possível expressar nossas ideias, e a internet era, sem dúvida, a melhor opção. Depois de algumas idas e vindas, finalmente encontramos um bom nome para o nosso *blog*: Rebelução.

É provável que a palavra "rebelução" seja nova para você. Para sermos sinceros, nós a inventamos. Combinamos "rebelião" com "revolução" para formar uma palavra inteiramente nova para um conceito inteiramente novo: rebeldia contra a rebelião. Mais precisamente, definimos "rebelução" como "uma rebelião contra a desvalorização da adolescência".

Neste capítulo, queremos mostrar a você o lado pessoal da Rebelução porque foi assim que ela começou: com o despertamento de dois adolescentes para uma grande ideia e com os primeiros rumores de uma mudança histórica no pensamento de jovens espalhados por todo o país e até em outros países. Este capítulo conta a nossa história. Nos capítulos seguintes, explicaremos em detalhes por que acreditamos que a Rebelução seja necessária, quais as suas premissas e como você também pode participar desse movimento.

Tocando no ponto certo

Se na época você nos tivesse dito que nosso humilde *blog*, hospedado pelo Google e usando um projeto gráfico genérico, evoluiria até se tornar o *blog* adolescente cristão mais popular da internet nos Estados Unidos, daríamos uma bela risada. No entanto, nossas ideias sobre o que Deus pode fazer por intermédio de adolescentes como nós se desenvolveram muito desde então.

Uma das primeiras séries de artigos que postamos se chamava "O mito da adolescência", colocando em questão a noção atual de que essa faixa de idade seria marcada pela falta de responsabilidade. Quase imediatamente, outros adolescentes começaram a fazer comentários a respeito de nossos *posts*. Para nossa surpresa, descobrimos que os adolescentes não apenas achavam que esse período da vida *poderia* como também *deveria* ter um significado mais profundo. "Vocês estão falando de uma coisa da qual eu sinto falta em minha igreja", escreveu um adolescente. "Não parem!"

Quando perguntamos no *blog* por que os jovens não estavam se levantando contra essa tendência cultural de desvalorização da adolescência, a resposta foi surpreendente: "Todo mundo que eu conheço na escola enfrenta esse problema", comentou Lauren, uma jovem de dezesseis anos que mora no Colorado. Nate, estudante do último ano do Ensino Médio que vive na Flórida, escreveu o seguinte: "Caras, vocês descreveram exatamente como me sinto desde que entrei na adolescência".

Conforme a conversa esquentou, continuamos querendo saber quem eram exatamente esses outros adolescentes. Conhecíamos alguns, mas não a maioria. Será que eram todos jovens inquietos, acima da média, líderes natos? Quando perguntamos, descobrimos que não era esse o caso. A maioria se descrevia como gente normal, adolescentes comuns. Alguns estudavam em escolas públicas, outros em colégios particulares e havia até quem recebesse educação formal em casa. A maioria vivia nos Estados Unidos; outros escreviam do Canadá, do Reino Unido, da Austrália, do Brasil e das Filipinas. Não temos a menor ideia de como eles nos descobriram, mas muitos estavam inquietos. Nossos questionamentos haviam tocado no ponto certo.

Logo a notícia da existência do *blog* se espalhou. Novas questões suscitaram mais discussões e inspiraram outros *posts* — às vezes, atualizávamos o *blog* duas vezes por dia ou mais. Não tínhamos todas as respostas, nem todos os que escreviam também achavam que tinham. No entanto, o questionamento, a discussão, a indagação e a inquietação ajudaram a ajustar e aprimorar nossas ideias. Algo grande começava a se revelar.

E era muito maior do que podíamos imaginar. Apenas três semanas depois do lançamento do *blog*, o *New York Daily News*, sexto maior jornal diário dos Estados Unidos, escreveu um artigo sobre nossa iniciativa. "Pense grande! Estudantes secundários falam às pessoas de sua idade" — esse era o título do texto. O artigo começava com as seguintes palavras:

> A maioria dos *blogs* mantidos por estudantes do Ensino Médio é o equivalente virtual dos diários perfumados ou das inscrições nas paredes dos vestiários masculinos, isto é, espaços abertos para divulgação de fofocas e confissões de adolescentes, assim como uma rede de comunicação entre eles. Contudo, dois gêmeos de dezesseis anos do Oregon, educados em casa [...] estão prestes a mudar isso.[6]

"Ser adolescente não significa rejeitar todo tipo de responsabilidade", dissemos ao jornalista. "Esse período é o terreno onde os futuros líderes se preparam para as responsabilidades que ousam assumir desde já." O artigo acabou atraindo mais leitores para o *blog*. A maioria deles era composta de pessoas simplesmente curiosas por conhecer um grupo de adolescentes que estava *enfrentando mesmo* suas responsabilidades, mas muita gente continuou visitando o *blog* com regularidade, e o tráfego intenso não interrompeu a verdadeira discussão que estava em andamento entre as fileiras cada vez maiores de *rebelucionários*.

"Digamos que nós, adolescentes, assimilemos esse conceito", escreveu Jake, um jovem de Oklahoma, em resposta a um novo texto postado sobre a desvalorização da adolescência por parte da mídia. "O que precisamos fazer de fato? Qual é o passo seguinte?" Com certeza, Deus acompanhou nossa discussão *online* — e com um sorriso, pois o que ele nos proporcionou em seguida transformou nossas velhas expectativas em relação aos anos da adolescência em um monte de cacos.

Um laboratório para nossas ideias

Em outubro de 2005, fomos convidados a nos inscrever para fazer um estágio na Suprema Corte do Estado do Alabama. Sabe lá o que é isso? Nunca, nem mesmo em um milhão de anos, poderíamos prever alguma coisa parecida. Aquelas vagas costumavam ser reservadas para estudantes de Direito e alunos de desempenho excepcional. Sim, nós nos destacamos em competições de debates e discursos, mas ainda estávamos cursando o Ensino Médio. Tínhamos apenas dezesseis anos.

O primeiro pensamento que nos veio à mente foi que eles não sabiam exatamente qual era a nossa idade. Mas eles sabiam. Acontece que o promotor responsável pelo programa de estágios do escritório do juiz Tom Parker havia lido o *blog* Rebelução. Ele achou que deveria nos convocar a partir da premissa segundo a qual os adolescentes possuem (e desperdiçam) um enorme potencial represado. A pedido do promotor, o juiz Parker concordou em não levar em conta a costumeira exigência de idade para os estagiários e considerou apenas nossa capacidade de cumprir a tarefa. A porta estava aberta e a bola estava em nossos pés.

Optamos por nos inscrever para o estágio, mas, sinceramente, não sabíamos o que nos dava mais medo: a possibilidade de ser rejeitados ou de ser aprovados. Passamos um mês inteiro aflitos. Por fim, chegou a resposta: fomos aceitos para um estágio de dois meses nas dependências da Suprema Corte. Nossa principal responsabilidade seria realizar pesquisas para embasar os pareceres do juiz Parker. Começaríamos na função duas semanas antes de completarmos dezessete anos.

Por mais entusiasmados que estivéssemos com o fato de sermos aprovados para o estágio, sentíamos uma enorme pressão. Seríamos os estagiários mais jovens da história da Suprema Corte do Alabama, e possivelmente de qualquer outra Suprema Corte dos Estados Unidos. Até achávamos que tínhamos certa capacidade de exercer aquela função; trabalhamos muito para nos tornarmos bons pesquisadores, debatedores e escritores. Mas aquilo tudo acontecera durante os últimos anos do Ensino Fundamental e ao longo do Ensino Médio. Agora estávamos em um nível completamente novo. Deus parecia estar nos usando como ratinhos de laboratório para testar nossas próprias ideias. Muito justo, diga-se de passagem, mas esse pensamento nos aterrorizou no início.

Estávamos saindo de casa pela primeira vez e tínhamos menos de um mês para nos prepararmos. Passaríamos a usar terno e gravata todo dia, o que nos obrigaria a fazer muitas compras no centro da cidade. Também teríamos de sair à procura de um lugar para morar, e é claro que, com isso, teríamos de explicar aos leitores do *blog* o que estava acontecendo.

Eles também ficaram entusiasmados. Todo mundo entendeu que aquela era uma oportunidade que tínhamos de colocar à prova as ideias que nossa comunidade virtual vinha discutido de maneira tão intensa e por tanto tempo. Estava na hora de divulgar a mensagem do nosso pequeno movimento, e não apenas ler e escrever a respeito dele.

Quando chegamos a Montgomery, descobrimos que havia uma expectativa a nosso respeito: as pessoas esperavam que contribuíssemos de várias maneiras, e o processo de treinamento seria todo na prática. Embora o juiz Parker e sua equipe nos deixassem bem à vontade, não receberíamos nenhum tipo de tratamento especial. Eles simplesmente ignoraram a nossa idade quando fizeram a nossa avaliação para o estágio, e agora que avaliariam o nosso desempenho não seria nada diferente. Teríamos de conquistar a confiança de todos. A eficiência daquela corte não poderia ser prejudicada por nossa inexperiência.

Por todas essas razões, começamos pelas coisas mais básicas: recolher a correspondência, fazer cópias de documentos e organizar papéis. Também fazíamos rascunhos de *releases* para a imprensa e lidávamos com parte da correspondência eletrônica. Logo fomos convidados a ajudar na edição dos pareceres do juiz Parker, fazendo-os circular entre outros juízes. Toda vez que nos saíamos bem em alguma tarefa, o juiz Parker nos confiava outra responsabilidade ainda maior. Na verdade, as expectativas positivas que ele tinha a nosso respeito nos serviam como motivação constante para aprendermos e nos desenvolvermos cada vez mais.

Depois de dois meses, deixamos de realizar pequenas atribuições e passamos a ajudar o juiz Parker em tarefas de peso. Em vez de revisar a pontuação e a grafia das palavras nos pareceres, começamos a redigir parágrafos inteiros. De vez em quando, escrevíamos os rascunhos dos memorandos que circulavam entre os juízes. Quando nosso estágio chegou ao fim, o próprio juiz Parker se declarou surpreso com tudo o que conseguimos conquistar. Ficamos muito alegres.

Mais adiante, outra porta se abriu: fomos convidados a voltar ao Alabama para trabalhar nos diretórios regionais de quatro campanhas estaduais simultâneas para eleição na Suprema Corte do Estado — incluindo a do juiz Parker para a Secretaria de Justiça. Os ratinhos de laboratório sobreviveram! Mais importante ainda, nós dois tínhamos acabado de colocar à prova nossa *rebelução* pessoal. E aquilo foi apenas o começo.

O Estado de ponta a ponta

Nosso estágio serviu de teste para dois rapazes, mas as campanhas estaduais seriam um campo de provas para uma equipe inteira de jovens. Centenas deles, na verdade. Como diretores regionais, recrutaríamos e trabalharíamos com jovens e suas famílias, unindo esforços em todo o Estado do Alabama. E faríamos isso segundo o mesmo critério que nos levou àquele cargo: a capacidade, e não a idade, seria o fator determinante para a seleção.

Na primavera de 2006, estávamos de volta ao Alabama, prontos para levar nosso movimento, a Rebelução, a um nível mais elevado. Ficamos baseados em uma sede de campanha localizada em Montgomery, mas, durante os três meses seguintes, visitamos praticamente todos os municípios do Estado. Quase todos os principais membros da equipe eram jovens. O diretor-geral da campanha era, disparado, o mais velho, com seus trinta e poucos anos; o diretor de campo tinha 23; e nós, diretores regionais, tínhamos dezessete. Aquilo foi apenas o começo. Uma das primeiras pessoas que selecionamos foi Jake Smith — o mesmo Jake que havia perguntado em nosso *blog*: "O que precisamos fazer de fato? Qual é o passo seguinte?"

Recrutamos adolescentes para quase todas as instâncias da campanha e os encorajamos a assumir responsabilidades de alto nível. Foram eles que criaram o *site* da campanha. Foram também os adolescentes que coordenaram alojamento e refeição para os voluntários que vinham de outros estados. Eles usaram *softwares* sofisticados para mapear a região e criar itinerários para entrega de folhetos. Planejaram eventos e coordenaram a cobertura pela televisão. Elaboraram o projeto gráfico, fizeram as fotos e gravaram a campanha em vídeo. Quando a campanha terminou, os adolescentes não apenas haviam trabalhado por milhares de horas, como também tinham acabado de participar da maior operação do gênero naquele ano no Estado do Alabama.

No entanto, os grandes sonhos também acarretam grandes desafios. Você nem acreditaria se relatássemos alguns dos problemas que tivemos de solucionar, geralmente sem aviso prévio. Por exemplo:

- Como recrutar e motivar os voluntários que se apresentaram por engano, achando que estariam trabalhando por um candidato *diferente*?
- Como distribuir 120 mil boletins de campanha em uma corrida da categoria Nascar, no circuito de Talladega, em um espaço de 36 horas (sem ser atropelado ou preso)?
- Onde alojar os voluntários que vieram dirigindo de outros estados e estavam cansados, arrasados e *chegaram cedo demais*?
- O que dizer aos membros mais velhos da equipe — muitos deles calouros de faculdade, como pudemos constatar — que costumavam proclamar alto e bom som que os adolescentes são rebeldes inconsequentes nos quais não se pode confiar? E mais: o que falar quando eles descobrem que você, um desses rebeldes inconsequentes, está no comando?

Contudo, a cada desafio toda a nossa equipe encontrava novas oportunidades para aprender, rir e, às vezes, começar de novo. Também fizemos descobertas a nosso respeito como seres humanos. Uma campanha, assim como qualquer movimento ou revolução, não se faz com uma massa de gente sem rosto. Trata-se da reunião de indivíduos que se unem pela mesma causa e pela mesma razão. São pessoas comuns que decidiram entrar em ação e fazer parte de algo ainda maior. Foi a partir daí que se tornaram pessoas fora do comum.

A timidez não tem vez

Gostaríamos que você tivesse conhecido Heidi Bentley, nossa coordenadora no condado de Mobile. Conhecemos Heidi e sua família superficialmente durante o encontro que marcou o início da campanha. Nas semanas posteriores, todo tipo de comunicação que tivemos com ela foi por telefone ou *e-mail* — ela morava no sul do Alabama, e nós estávamos sediados na capital. Entregamos a Heidi os mais variados tipos de tarefa grande — tudo mesmo, desde entrega de materiais de campanha em grandes festivais até reserva de espaços para eventos e centenas de ligações telefônicas. E ela fez um trabalho incrível. Comentávamos com frequência: "Se todos os nossos coordenadores de condado fossem iguais a Heidi, estaríamos muito bem-servidos!".

Acontece que Heidi não era bem quem pensávamos que fosse. Nós a havíamos confundido com sua irmã mais velha, que também conhecêramos naquele encontro no início da campanha. O tempo todo pensamos que Heidi tinha 24 anos, quando na verdade tinha dezessete.

Nossa primeira reação foi esta: "Cara, não posso acreditar que tenhamos pedido tanta coisa a ela!" Foi então que nos demos conta: "Espere um pouco! Pensávamos que Heidi tinha 24 anos. Nossa expectativa em relação a ela era baseada no fato de acharmos que tinha 24 anos, e ela atendeu a todas as nossas expectativas como se realmente tivesse. Heidi era um testemunho vivo da Rebelução que dava nome ao nosso *blog*.

A segunda reação que tivemos foi a seguinte: "Fala sério! Nós também temos dezessete anos e somos diretores regionais de campanha, pelo amor de Deus!".

Mas foi somente quando a campanha já estava chegando ao fim que aprendemos algo mais a respeito de Heidi. Ela sempre fora extremamente introvertida. Detestava falar ao telefone, mesmo com as pessoas a quem conhecia, como sua família nos contou depois. Ainda assim, tínhamos colocado Heidi em contato com gente estranha por telefone o tempo todo. Ao longo de toda a campanha, a família daquela adolescente testemunhou, impressionada, como Heidi se dispôs a sair de sua zona de conforto para fazer coisas que antes poderiam parecer impossíveis.

Melhor do que o sucesso

Quando contamos a história das campanhas no Alabama, as pessoas sempre perguntam se vencemos. A resposta é "não". Apesar da competência do trabalho duro de tanta gente como Heidi, nossos candidatos perderam a eleição. Ironicamente, no mesmo dia em que sentamos para escrever esta história, o jornal *Huntsville Times* publicou um editorial sob o título "Excessos nas eleições". O texto criticava as campanhas por seus gastos descontrolados. As eleições para os cargos jurídicos no Alabama em 2006, segundo o jornal, haviam alcançado os números mais altos do país em termos de despesa: quinze milhões de dólares.[7] Daquela quantia, nossos quatro candidatos juntos gastaram menos do que quinhentos mil dólares. Gostamos de pensar que o nível sem precedentes de envolvimento dos adolescentes na campanha tenha algo a ver com o nível sem precedentes de despesas necessárias para nos vencer!

Pouco depois do fim das campanhas, Heidi nos escreveu para falar a respeito do que Deus estava fazendo em sua vida:

> Durante toda a campanha, Deus fez coisas impressionantes. Acho que cresci mais nesses últimos meses do que em um ano inteiro antes disso tudo começar!
>
> Ri muito quando li pela primeira vez a expressão "pegar pesado". Foi exatamente isso que Deus começou a me ensinar quando a campanha começou, e continuou me ensinando com o tempo. Ele pegou a perspectiva que eu tinha a respeito de minha capacidade e a triplicou.
>
> Acho que assustei a minha família quando comecei a fazer coisas que ela (assim como eu) não acreditava que eu fosse capaz. É impressionante ver o que podemos fazer quando confiamos em Deus e tomamos coragem para sair de nossa zona de conforto!

Olhamos para trás cheios de gratidão ao ver quanta coisa ganhamos — por exemplo, aprendemos a confiar em Deus, ou descobrimos que sair de nossa zona de conforto nos ajuda a crescer, ou percebemos que, ao se unir, os jovens podem realizar muito mais do que nossa sociedade acredita que eles sejam capazes. Trabalhar nas campanhas nos ensinou que deixar de tentar é muito pior do que perder.

E passamos pela experiência de constatar que todo esforço — mesmo quando o resultado não é o esperado — serve para nos fortalecer. Na verdade, por causa de nosso trabalho no Alabama, a agenda da

Rebelução (que retomamos ao voltar para casa) assumiu um foco ainda mais preciso, principalmente no que se refere ao que passamos a chamar de "os três pilares" do movimento: caráter, competência e colaboração (falaremos mais a respeito disso adiante).

Os primeiros dois estágios de nossa *rebelução* pessoal (o estágio e as campanhas) nos levaram da experiência pessoal de dois adolescentes a uma experiência comunitária.

O estágio seguinte nos levou a uma experiência virtual que envolveria milhões de pessoas.

O início da Rebelução

Quando voltamos para casa, ficamos entusiasmados com a perspectiva de mudar o foco da comunidade virtual que continuava a crescer. Logo chegamos à conclusão de que teríamos de elevar o *blog* a outro nível, inaugurando um *site* completo capaz de oferecer recursos adicionais e indicar maneiras pelas quais os *rebelucionários* poderiam interagir uns com os outros.

Na verdade, nunca planejamos administrar um *site* completo por nossa conta. No entanto, a comunidade já estava ali, por isso a montagem de um *site* parecia ser o caminho natural. Contratamos um amigo para fazer toda a parte de programação para nós enquanto elaborávamos o projeto e tentávamos imaginar qual o caminho a seguir. Para poder contar com um novo visual e proporcionar uma experiência diferente, o novo *website* tinha de oferecer fóruns de discussão, *links* com centenas de outros artigos de grandes autores (do passado e do presente) e uma área de conferência que destacasse nosso plano de organizar quatro eventos regionais durante o ano de 2007. Semanas de planejamento e muitas noites insones depois, o *site* foi lançado em 28 de agosto de 2006, quando o *blog* Rebelução completava um ano.

Era a primeira vez que criávamos um *website*, mas conseguimos contar com a ajuda de outros jovens de todo o país (e até de algumas pessoas do exterior) para que o projeto ficasse pronto a tempo. Alex

King, um jovem de dezesseis anos do Maine; Alex Poythress, dezessete anos, do Alabama; e David Boskovic, também de dezessete anos, do Canadá, ficaram acordados até tarde e se levantaram bem cedo para dar os toques finais no *website* e colocá-lo no ar às seis horas da manhã.

Aí só nos restava esperar para ver o que aconteceria em seguida.

A reação foi instantânea e extraordinária. Apesar do fato de não termos feito quase nada para promover o lançamento, nosso tráfego saltou de aproximadamente 2,2 mil *hits* no dia anterior para 12,8 mil *hits* no dia do lançamento — um aumento de 482% no tráfego de um dia para o outro. Não se tratava mais de um *blog* com aspecto genérico. Agora era toda uma comunidade virtual.

Rebelando-se contra a rebelião

Já se passaram mais de dois anos desde que nosso pai deixou aquela pilha imensa de livros sobre o balcão da cozinha e transformou o nosso verão sem sentido em algo significativo. Desde então, nosso *website* recebeu mais de quinze milhões de *hits*, representando a participação de milhões de visitantes do mundo todo. Organizamos conferências da Rebelução em todo o território dos Estados Unidos e até no Japão. Mais de 2,1 mil pessoas participaram de nossa última conferência, em 2007, realizada em Indianápolis; algumas tiveram de dirigir cerca de dezesseis horas para chegar ao local.

O que Deus fez desde o verão de 2005 tem sido incrível. Somos abençoados por participar dessa jornada. É claro que demos um nome a esse movimento, mas a Rebelução é algo que Deus está operando no coração de nossa geração, e não uma coisa que inventamos. É por isso que o propósito deste livro não é o de nos gabarmos de alguma coisa que tenhamos feito, mas de falar sobre algo muito grande que Deus está fazendo na vida de muitos jovens em todo o mundo — algo que ele deseja fazer em sua vida também.

Se você olhar para trás e analisar a História, verá que houve outros movimentos iniciados (ou estimulados) por gente jovem. O problema é que muitos desses movimentos eram, na verdade, insurreições contra autoridades estabelecidas por Deus (como os pais, a igreja ou o governo); vários deles acabaram derrotados ou distorcidos, desviando-se para outras finalidades.

Todas essas tentativas de revolução fracassadas constituem um registro de efeito desencorajador para os adolescentes que estão se esforçando para fazer alguma coisa, mas não quando se trata dos *rebelucionários*. Não estamos nos rebelando contra uma mentalidade cultural que distorce o propósito e o potencial da adolescência e ameaça prejudicar nossa geração. Nossa rebelião não será marcada por tumultos coletivos ou pela violência, e sim pela ação silenciosa de milhões de adolescentes que optaram por contrariar a maneira depreciativa como a nossa cultura os vê.

É esse o nosso convite a você: junte-se a nós e a outros adolescentes que levam a sério o projeto de mudar os conceitos que o mundo tem a respeito da adolescência.

Nos capítulos a seguir, mostraremos a você como isso é possível.

CAPÍTULO 3

O MITO DA ADOLESCÊNCIA

Denúncia de uma cultura de descrédito que está espoliando nossa geração

Você conhece algum dono de elefante? Nós também não. Fomos criados com os bichos de estimação mais banais e com alguns não tão comuns, como ratos, cobras, patos selvagens, tartarugas, salamandras, uma coruja enorme e até um filhote de veado com rabinho branco. Mas nunca tivemos um elefante.

Isso não nos impedia de sonhar. Era muito fácil imaginar a situação. Algum garoto se gabava, dizendo:

— Ei, a minha família comprou um cachorro! Ele tem até *pedigree*! Sabe buscar as coisas quando a gente joga, aprendeu a sentar e todas essas coisas!

— Muito bom — respondíamos. — E a nossa família acabou de comprar um elefante.

A partir daquele momento, passávamos a ser os reis gêmeos do pátio do *playground* do prédio.

— Que tal trazer o seu cachorrinho com *pedigree* um dia desses? Apostamos que o nosso bichinho de estimação consegue sentar em cima do seu.

Quando ficamos mais velhos, aprendemos um pouco mais a respeito dos elefantes. Por exemplo, em certas partes da Ásia, os fazendeiros ainda usam elefantes para realizar boa parte das tarefas mais pesadas. Elefantes arrancam árvores inteiras do solo, arrastam toras e carregam cargas bem pesadas. Eles são bons nisso também, e não apenas por serem muito grandes, mas porque são incrivelmente fortes.

Alguns países realizam os "festivais do elefante" para celebrar a força, a agilidade e a inteligência desses animais tão poderosos. Os adestradores levam os elefantes para participar de jogos de basquete e futebol — naturalmente, usando bolas gigantescas. Os elefantes fazem coreografias de acordo com determinadas músicas. Mas o evento principal é um jogo de cabo de guerra entre um elefante e uma centena de homens.

Vamos parar um momento para pensar a respeito disso. Somos metade japoneses, por isso digamos que o homem asiático que participa desse cabo de guerra tenha, em média, o nosso tamanho — cerca de 61 quilos. Nada muito impressionante (estamos trabalhando nisso). Ainda assim, quando esse peso é multiplicado por cem, estamos falando de mais de seis toneladas. E mais: aqueles homens não ficam parados: eles cavam o solo com os pés para firmá-los melhor e *puxam*. No entanto, o elefante acaba vencendo. Sempre.

Essa informação nos fez questionar o sonho da infância de ter um elefante como animal de estimação. Por exemplo, o que faríamos se nosso elefante acordasse no meio da noite e decidisse visitar seus familiares?

Mais tarde, descobrimos que os donos de elefantes na Ásia não enfrentam esse tipo de problema. Para impedir que os animais fiquem vagando por aí, eles inventaram uma solução surpreendentemente simples: eles pegam uma pequena corda, amarram a uma estaca de madeira fincada no chão e a prendem na pata direita traseira do elefante. Só isso.

É claro que, considerando a força do elefante, a corda não seria nenhum grande impedimento. Bastaria um safanão e ela se romperia. Com um chute, a estaca voaria longe. Mesmo assim, o elefante não sai do lugar. Aquela pequena corda é o bastante para mantê-lo ali. Ele não sairá dali de jeito nenhum.

Como isso é possível? A resposta é a seguinte: o segredo tem menos a ver com o pedaço de corda em volta do tornozelo do elefante e tudo a ver com as algemas invisíveis na mente do paquiderme.

Nos últimos anos, em vez do desejo de ter um elefante, começamos a suspeitar que *éramos* elefantes.

Será que nós, assim como muitos jovens que conhecemos, somos iguais aos elefantes — fortes, espertos, cheios de potencial mas, de certa forma, incapazes de fazer as coisas por causa de um simples pedaço de linha? Será que basta nos convencer de uma mentira para impedir o nosso movimento?

Achamos que sim. E chegamos à conclusão de que grande parte do que nos detém como geração é um conceito aparentemente inofensivo, mas muito poderoso que chamamos de "o mito da adolescência".

Antes do Orkut

A palavra "adolescente" é tão corriqueira hoje em dia que a maioria das pessoas nem sequer se preocupa com seu significado; quando alguém o faz, não é, em geral, de modo positivo. Segundo o dicionário, o adolescente é uma pessoa que tem de treze a dezenove anos de idade. Há uma grande chance de você se encaixar nessa categoria. Como a maioria dos adolescentes, você frequenta a escola, tem um perfil no Orkut e usa mais o seu telefone do que uma câmera para tirar fotos.

Mas será que se surpreenderia se descobrisse que houve um tempo no qual o conceito de adolescência sequer existia? Não acredita no que acaba de ler? Então vamos brincar de perguntas e respostas — um *quiz*.

A primeira utilização da palavra "adolescente" de que se tem registro foi:

a) A primeira edição do Novo Testamento em inglês, pela Tyndale, em 1526.
b) *Romeu e Julieta*, de William Shakespeare, em 1623.
c) *Poor Richard's Almanac* [Almanaque do pobre Ricardo], de Benjamin Franklin, em 1739.

d) *Strenuous Life* [A vida diligente], de Theodore Roosevelt, em 1899.
e) Um artigo de *Seleções* do *Reader's Digest*, em 1941.
f) Alex e Brett inventaram o termo para este livro.

A resposta certa é a letra "e". É isso mesmo: a palavra "adolescente" existe há menos de setenta anos.

Antes do século XX e, de fato, ao longo da história, as pessoas eram classificadas como "crianças" ou "adultos". A família e o trabalho eram as principais ocupações do grupo ao qual hoje em dia nos referimos como "adolescentes". Na verdade, em 1900, apenas um de cada dez jovens norte-americanos entre catorze e dezessete anos chegava a frequentar uma escola de Ensino Médio. O historiador Friedrich Heer descreveu aquela época, dirigindo o foco sobre a Europa:

> Por volta do século XIX, jovens de ambos os sexos já poderiam ser considerados adultos a partir do momento em que fossem identificados os sinais externos de puberdade. As meninas chegavam à idade de se casar aos quinze. Os rapazes poderiam se alistar no exército da Prússia como aspirantes a oficiais com quinze ou dezesseis anos de idade. Entre as classes mais abastadas, era possível entrar na faculdade ou assumir uma profissão aos quinze ou dezesseis anos. No século XIX, a idade para sair da escola e, consequentemente, chegar ao fim da infância *aumentou* para catorze anos.[1]

Assim, qual seria a experiência de viver como adolescente naquela época, antes do surgimento do próprio conceito de adolescência? Boa pergunta. Para respondê-la, gostaríamos de apresentar a você três jovens de diferentes épocas da história norte-americana. Seus nomes são George, David e Clara.

George, David e Clara

George nasceu no norte da Virgínia, em 1732, era filho de um casal de classe média. Quando tinha onze anos, ele perdeu o pai. Embora seus colegas nunca o tivessem considerado muito brilhante, ele se dedicou aos estudos e se formou em geometria, trigonometria e pesquisa (álgebra e cálculos) aos dezesseis anos.

Quando completou dezessete anos, George teve a oportunidade de colocar seus estudos em prática no primeiro emprego. Estou falando de um emprego de verdade: pesquisador oficial do condado de Culpeper, na Virgínia. Não era um emprego adequado para um rapaz, e certamente não se tratava de um trabalho a ser realizado dentro de um escritório. Durante os três anos seguintes, George suportou as dificuldades da vida na fronteira à medida que registrava territórios que ainda não haviam sido devidamente mapeados. Suas ferramentas para exercer a função eram correntes e toras pesadas. George já era um homem aos dezessete anos.

David nasceu em 1801 perto da cidade de Knoxville, no Tennessee, onde o pai servia na milícia estadual. Aos nove anos e meio, David começou sua carreira no mar, servindo como cadete da marinha no barco de guerra Essex. Aos onze anos, ele participou de sua primeira batalha.

Ao completar doze anos, David assumiu o comando de um navio que fora capturado em batalha e foi enviado com uma tripulação para levar o barco e os marinheiros de volta aos Estados Unidos. Durante o trajeto, o capitão britânico capturado questionou o fato de receber ordens de um garoto de doze anos e anunciou que desceria ao porão para pegar suas armas (por respeito à sua posição hierárquica, ele tinha esse direito). Na mesma hora, David o avisou que, caso colocasse os pés no convés com suas armas, ele seria morto e atirado ao mar. O capitão decidiu continuar no porão.

Clara nasceu em Oxford, Massachusetts, no Natal de 1821. Era a caçula da família, e dez anos a separavam do primeiro irmão mais velho que ela. Clara era uma criança tímida, e tinha tanto medo de gente estranha que mal conseguia conversar. Foi então que aconteceu uma coisa que mudaria sua vida para sempre. Quando Clara tinha onze anos, seu irmão mais velho, David, caiu do alto de um celeiro e sofreu ferimentos graves. A jovem Clara ficou apavorada e implorou por ajudar a cuidar dele.

No quarto onde o irmão ficou, Clara surpreendeu todos ao demonstrar todas as qualidades que se esperam de uma enfermeira experiente. Ela aprendeu a cuidar melhor do irmão do que todas as outras pessoas. Aos poucos, o médico permitiu-lhe que passasse a administrar todos os cuidados de que o irmão necessitava. A recuperação completa levou dois anos.

Um ano depois, aos catorze anos, Clara se tornou a enfermeira dos homens contratados pelo pai, que haviam contraído varíola. Mais tarde, ela passou a cuidar de mais pacientes conforme a epidemia se espalhava pela cidade de Massachusetts onde ela vivia. Ainda tímida, o desejo de servir as pessoas levou Clara a superar seus medos. Aos dezessete anos, ela era uma professora bem-sucedida de mais de quarenta alunos, alguns deles de sua idade.

Esses três jovens receberam grandes responsabilidades quando ainda tinham pouca idade, e não apenas sobreviveram, como também demonstraram uma capacidade inesperada. Mais importante ainda, como mostra uma citação que fazemos do professor Heer, "no tempo em que esses jovens viveram, rapazes e moças como eles não eram tão incomuns".

A pergunta é a seguinte: o que mudou? Por que os rapazes e as moças de antigamente, aos quinze ou dezesseis anos, eram capazes de fazer coisas (e fazê-las muito bem) que muitos jovens na faixa dos 25 aos 30 anos não são hoje em dia? Será porque os jovens atuais são chamados "adolescentes"? Não exatamente.

A resposta é que as pessoas de hoje enxergam esse período da vida através das lentes modernas da adolescência, uma categoria social de idade e comportamento que até relativamente pouco tempo atrás não era considerada tão diferente assim.

O termo "adolescente" significa literalmente "em crescimento". No sentido biológico, assim como em outros aspectos do processo de amadurecimento, isso é verdade. Não temos problema algum com isso, ou mesmo com a própria palavra — você vai perceber que ainda usamos o termo "adolescente" com frequência. A nossa dificuldade é com o conceito moderno de adolescência, que incentiva e até treina os jovens a permanecer infantis por mais tempo que o necessário. Isso gera impedimentos para fazermos as coisas que *podemos*, as que Deus nos *criou* para fazer e até as que *gostaríamos* de fazer se conseguíssemos combater a cultura de depreciação da adolescência que impera em nossa sociedade.

Para o poderoso elefante, um pedaço de corda parece uma algema muito forte. Para os jovens de hoje — uma geração poderosa, educada e abençoada —, as algemas podem estar escondidas em conceitos simples e fatais, como "adolescência" e "adolescente".

Você está pronto para se libertar a partir de uma mudança de mentalidade?

Sua história (a partir de cem anos atrás)

Para compreender o conceito moderno de adolescência, temos de voltar apenas cem anos no tempo. Naquela época, por volta dos anos 1900, uma série de leis trabalhistas e de reforma pedagógica foi aprovada, em um esforço para proteger as crianças das duras condições de trabalho nas fábricas. Essas leis eram boas porque as condições até então eram desumanas, e a saúde e a educação das crianças ficavam comprometidas. Infelizmente, as normas geraram alguns efeitos indesejados de longo prazo. Ao tirar por completo as crianças do ambiente do trabalho e determinar que frequentassem a escola até completar o Ensino Médio, o papel previamente estabelecido dos adolescentes como força producente da sociedade chegou ao fim. De uma hora para outra, eles se transformaram quase que apenas em consumidores.[2]

De repente, os jovens foram colocados em uma categoria mal definida entre a infância e a idade adulta. Rapazes e moças como George, David e Clara foram desencorajados. E foi inventada a figura do "adolescente", uma pessoa jovem com a maioria dos desejos e das capacidades de um adulto, mas poucas das aspirações e responsabilidades de uma pessoa madura.

Quando estávamos realizando a pesquisa a respeito desse assunto, nós nos deparamos com um livro sobre etimologia chamado *America in So Many Words* [Os Estados Unidos em tantas palavras]. Leia o que essa obra diz a respeito da palavra "adolescente":

> Na primeira parte do século XX, fizemos uma descoberta surpreendente: havia adolescentes entre nós! Até então, só conseguíamos pensar em pessoas que se encaixassem em apenas duas categorias: crianças e adultos. E ainda que a infância pudesse proporcionar seus momentos agradáveis, o objetivo da criança era crescer tão rápido quanto possível para aproveitar as oportunidades de assumir as responsabilidades de um adulto. A menina se transformava em mulher; o menino, em homem. Era assim, simples e significativo [...]
>
> [Contudo,] as reformas do início do século XX, impedindo o trabalho infantil e determinando por lei que as crianças permanecessem na escola até o fim do Ensino Médio, ampliaram a extensão dos anos que precediam a vida adulta. Antes, uma pessoa que alcançasse o tamanho de uma pessoa adulta aos treze ou catorze anos estava pronta para realizar o trabalho de um adulto. Agora, mesmo chegando à estatura de um adulto nessa faixa de idade, a preparação para ela assumir as responsabilidades de um adulto só começa quando completa dezoito anos ou mais.
>
> Por essa razão, os anos da adolescência se tornaram uma novidade, uma espécie de distinção [...] Os adolescentes remodelaram nosso mundo. Esse conceito é [...] subversivo: por que um adolescente que está aproveitando a liberdade deveria se submeter à autoridade dos adultos? Com a chegada dessa nova era, o século XX se transformou, desde então, no século do adolescente.[3]

Pense a respeito do que leu na última linha: "... o século XX se transformou, desde então, no século do adolescente". Não foi exatamente isso o que aconteceu? Setores inteiros da economia (cinema, música, moda, *fast food*) e inúmeros serviços pela internet orbitam em volta dos hábitos de consumo dos (adivinhe quem) adolescentes.

Com todo esse dinheiro e essa atenção focados nos adolescentes, os anos da adolescência são encarados como um período de férias bem longas. A sociedade não espera muito de jovens durante a época da adolescência, a não ser problemas. Com certeza, não existem expectativas em relação à competência, à maturidade ou à produtividade dos adolescentes. A parte mais triste dessa história é que, conforme a cultura que nos cerca passou a desvalorizar os adolescentes, os jovens também cederam e baixaram o nível; eles também se renderam a essa tendência à depreciação. Considerando que a maioria de nós cresceu em meio a essa cultura, satisfazer essas expectativas inferiores é tão natural quanto respirar: nunca paramos para pensar no que está acontecendo e, por isso, não conseguimos nos dar conta do que perdemos com o tempo.

Como um especialista em educação disse certa vez: "o teto que atualmente oferecemos aos estudantes está mesmo muito mais perto do chão do que deveria".[4] Pense nisso. O máximo que a nossa sociedade espera dos adolescentes está realmente muito aquém do mínimo. Você não acha isso chocante? Para nós, parece ser a pura verdade, não apenas na escola, como também em todas as demais áreas de nossa vida.

Sendo assim, por que essas expectativas são tão limitadas?

Fazer a cama (e outros feitos de valor)

Há pouco tempo, decidimos pesquisar no Google as palavras "adolescentes" e "expectativas" para ver o que aconteceria. Os resultados foram muito mais decepcionantes do que poderíamos imaginar.

A maioria dos programas de navegação na internet inclui uma área de pesquisa do Google, e, quando você digita as palavras, ele oferece sugestões de pesquisa baseadas nos termos usados com maior frequência. Aqui estão algumas das sugestões que o Google nos deu quando tentamos digitar "adolescentes" e "expectativas":

- Adolescentes e drogas.
- Adolescentes e álcool.
- Adolescentes e fumo.
- Adolescentes e bebidas.
- Adolescentes e maconha.
- Adolescentes e celulares.

Até mesmo as expectativas do Google são reduzidas quando se trata dos adolescentes! Mesmo assim, fizemos nossa pesquisa.

O primeiro resultado estava relacionado com adolescentes e o abuso das drogas e do álcool. Outro apontava para um artigo intitulado "Guia para os pais que desejam sobreviver à adolescência dos filhos". Mas o único resultado que saltou diante de nossos olhos foi um artigo sobre como ensinar os adolescentes a assumir responsabilidades a partir do estabelecimento de expectativas.

O artigo[5] parecia promissor, por isso clicamos no *link*: "Quando você desenvolve formalmente uma série de expectativas em relação ao seu filho adolescente, começa a prepará-lo para ser bem-sucedido nessa jornada". Aí pensamos: "Isso é muito bom!". Mas pode ser que não seja.

A autora prossegue propondo uma lista de expectativas para os adolescentes, divididas por faixas etárias. Primeiro, ela trata dos pré-adolescentes e das faixas de idade mais baixas, de dez a catorze anos. Aqui estão alguns exemplos:

- Espera-se que você faça a sua cama todos os dias.
- Espera-se que você seja capaz de anotar um recado deixado por alguém que ligou.
- Espera-se que você limpe seu quarto toda semana (com a ajuda da mamãe e do papai).

Em seguida, é a vez dos adolescentes mais velhos, de quinze anos em diante, que, além de tudo o que consta da lista dos mais jovens, são incumbidos de outras tarefas:

- Espera-se que você faça uma tarefa diária (pelo menos uma), como levar o lixo para fora.
- Espera-se que você mantenha o tanque de combustível do carro sempre acima de um quarto, se tiver idade para dirigir.
- Espera-se que você limpe seu quarto toda semana (sem a ajuda da mamãe e do papai).

O artigo ainda inclui uma palavra de encorajamento para os pais no que diz respeito à lista: "Por favor, não espere que seu filho cumpra toda a lista o tempo todo". Ufa! Já estávamos ficando preocupados!

A autora *mandou bem*. De fato, para alguns adolescentes, atender a essas expectativas menores exige um grande esforço. Mas pense por um minuto em quão baixas são essas expectativas. Esperava-se que George, um jovem de dezesseis anos, suportasse as dificuldades da vida na fronteira como pesquisador oficial. E quanto a nós? As pessoas esperam que suportemos a dura missão de lavar os pratos?

Aos doze anos, David deveria levar um navio, seu capitão e sua tripulação de volta aos Estados Unidos. Nós precisamos colocar o travesseiro, as cobertas e os lençóis em seus devidos lugares na cama e no armário. Aliás, você se lembrou de fazer isso esta manhã?

Estamos chegando quase ao ponto no qual as pessoas esperarão menos dos adolescentes do que das crianças. Pense nisso. Por que os bebês, que ainda não desenvolveram toda a sua habilidade motora, sua capacidade de raciocínio e sua força física, conseguem obter um índice próximo de 100% em termos de superação de dificuldades e desafios, enquanto os adolescentes colecionam *vacilos*? Porque há expectativas em relação às crianças, mas não aos adolescentes.

Por que todo bebê saudável supera as barreiras de comunicação quando aprende a falar, ao passo que poucos adolescentes conseguem vencer os mesmos obstáculos entre si e em relação aos pais, com os quais não conseguem estabelecer um diálogo? Porque há expectativas em relação às crianças, mas não aos adolescentes.

A verdade é que todos nós somos suscetíveis às baixas expectativas. Tendo cumprido os requisitos mínimos, a nossa tendência é pararmos de nos esforçar.

O poder surpreendente das expectativas

É provável que você conheça o ditado que afirma: "Ideias geram consequências". Mas você sabia que as expectativas também produzem o mesmo efeito? É verdade. O poder das expectativas tem sido comprovado em diversos estudos ao longo das últimas décadas. Nós conhecemos bem dois desses estudos, um deles realizado em um colégio público de San Francisco e o outro em uma faculdade teológica em nossa cidade natal, Portland, no Estado do Oregon.

Ambos os estudos foram realizados da mesma maneira. Os professores receberam duas turmas de estudantes, divididos entre elas ao acaso. No entanto, os mestres receberam a informação de que uma das turmas era formada pelos melhores e mais brilhantes alunos, enquanto a outra classe era composta de alunos abaixo da média. Com esses dados, os professores começaram a dar aulas. E adivinhe o que aconteceu...

Todas as interações dos professores com os estudantes foram influenciadas por suas expectativas. Quando os mestres trabalhavam com um aluno da turma dos "brilhantes", eles persistiam com aquele estudante até que ele chegasse à resposta certa. Quando, porém, lidavam com um aluno da classe dos mais "lentos" que não conseguia encontrar a resposta certa com facilidade, os professores passavam a questão para outro estudante. Quando um aluno da classe dos "melhores" encontrava alguma dificuldade, os professores minimizavam, dizendo se tratar apenas de um "dia ruim". No entanto, quando o problema era com um aluno da outra turma, os mestres atribuíam a dificuldade à capacidade limitada de aprendizado.

Preste atenção neste detalhe: em termos estatísticos, as turmas eram exatamente iguais. A única diferença residia naquilo que os professores *esperavam* dos alunos de cada uma. A classe dos "melhores e mais brilhantes" atingiu a excelência, enquanto a outra turma começou a ficar para trás.

Como adolescentes, não somos em nada diferentes dos alunos do colégio e da faculdade que participaram desses estudos. Para todos nós, as expectativas são como uma espécie de profecia. Nas palavras de Henry Ford, fundador da empresa automobilística de mesmo nome, "não importa se você acha que é capaz ou não — nos dois casos, você tem razão".

O poder das expectativas influencia quase todas as áreas da vida; com frequência, essa influência é muito grande. Tome como exemplo as atividades relacionadas ao uso da tecnologia e ao sexo. São duas áreas nas quais as pessoas esperam que os adolescentes demonstrem grande interesse e alto desempenho. Como você já deve imaginar, os níveis de atividade, consumo e até de obsessão nesses dois terrenos são cada vez maiores. Ou seja, os adolescentes estão atendendo às expectativas estabelecidas para eles.

Não é uma ironia o fato de tantos adolescentes, embora fluentes em tantas linguagens de computador (somos vistos como formadores de tendências e os primeiros a aderir a essas linguagens), não serem considerados capazes de compreender ou de se importar com coisas como finanças pessoais, política ou fé? Ninguém sequer espera que consigamos estabelecer um diálogo inteligente com um adulto.

Não há alguma coisa errada quando as moças são constantemente julgadas por causa de sua aparência física e pressionadas a se tornar cada vez mais provocantes sexualmente, e ninguém espera que elas demonstrem um caráter virtuoso e um bom nível intelectual?

Quando entendemos o poder das expectativas, começamos a compreender por que as coisas mudaram tanto e por que a nossa cultura foi envolvida pelo mito da adolescência sem se dar conta de que ele pode não ser verdadeiro.

O que a Bíblia diz a respeito dos adolescentes

Você pode estar se perguntando o que a Bíblia tem a dizer a respeito da adolescência. A resposta é simples: quase nada.

Ninguém conseguirá encontrar as palavras "adolescência" ou "adolescente" com frequência nas Escrituras nem referências específicas a um período de tempo entre a infância e a juventude.[6] Em vez disso, você encontrará o apóstolo Paulo escrevendo o seguinte em 1Coríntios 13:11: "Quando eu era menino, falava como menino, pensava como menino e raciocinava como menino. Quando me tornei homem, deixei para trás as coisas de menino".

Preste atenção naquilo que não está escrito. Paulo não diz: "Quando eu era menino, falava como menino, pensava como menino e raciocinava como menino. Quando me tornei adolescente e comecei a ter a aparência de um adulto, continuei agindo como se fosse um menino". Nada disso! Ele afirma: "Quando me tornei homem, deixei para trás as coisas de menino".

Em outra carta, Paulo escreveu a um jovem pastor que estava em processo de treinamento: "Ninguém o despreze pelo fato de você ser jovem, mas seja um exemplo para os fiéis na palavra, no procedimento, no amor, na fé e na pureza" (1Tm 4:12). Aqui encontramos uma evidência clara de que Deus não se vale de dois padrões, um para jovens adultos e outro para os adultos. As expectativas divinas para ambos os grupos são altas. Enquanto algumas pessoas tendem a menosprezar ou justificar os jovens adultos, Deus convoca os adolescentes para que tenham uma conduta exemplar. A nossa cultura pode esperar pouco deles, mas Deus tem expectativas muito maiores.

Sendo assim, por qual das duas expectativas devemos nos orientar? A Bíblia diz: "Não se amoldem ao padrão deste mundo..." (Rm 12:2). Quando fazemos das expectativas deste mundo o nosso padrão, permitimos que ele nos molde e, assim, sobra pouco espaço para o desenvolvimento do caráter e da competência cristã.

Como vimos neste capítulo — e como você sabe, sem dúvida, por experiência própria —, vivemos em uma cultura que deseja determinar nossa maneira de agir e de pensar, nossa aparência e nosso linguajar. Ela tentará nos impor suas ideias de como devemos nos vestir, o que devemos comprar e onde vamos encontrar essas coisas. Também nos dirá o que deve ser sonhado, valorizado e perseguido na vida; e não será Cristo, certamente. Lembremos de alguns *slogans*, como o da Pepsi nos anos 1990: "Seja jovem. Divirta-se. Beba Pepsi". A Nike costumava usar em suas propagandas esta frase: "Simplesmente faça acontecer". O anúncio do refrigerante Sprite orientava: "Obedeça a sua sede". E nos Estados Unidos circulou uma piada segundo a qual 92% dos adolescentes morreriam se a grife de roupas Hollister, considerada a marca que dita a moda jovem, resolvesse dizer que respirar "não é *maneiro*".

Onde há expectativas elevadas, temos a tendência de buscar a excelência para atendê-las; onde as expectativas são reduzidas, isso não acontece. Mesmo assim, nossa conduta deve ser orientada pelo texto de 1Coríntios 14:20: "Irmãos, deixem de pensar como crianças. Com respeito ao mal, sejam crianças; mas, quanto ao modo de pensar, sejam adultos". A nossa cultura diz: "Quando se trata do mal, seja maduro, mas continue infantil em sua mentalidade e seu comportamento — faça isso, *no mínimo*, por muitos anos".

É claro que, às vezes, *gostamos* da ideia de fazermos coisas que sabemos não serem apropriadas ou de nos contentarmos com menos do que o melhor. Justificamos nossas escolhas porque é isso que se espera dos adolescentes. "Sabe como é, não sou tão mau quanto algumas pessoas que conheço." Seguimos a multidão. Damos preferência àquilo que dá menos trabalho; com certeza, não nos dispomos a *pegar pesado*.

Sabe qual é a consequência dessa postura? Desperdiçamos parte dos melhores anos da vida e nunca alcançamos todo o potencial que Deus nos concede. Jamais nos dispomos a fazer coisas capazes de nos levar além, de promover o nosso desenvolvimento pessoal e de nos fortalecer. Acabamos fracos e despreparados para enfrentar o futuro incrível que nos estava reservado. Gostamos da liberdade proporcionada pelas expectativas reduzidas, mas, na verdade, elas estão tirando o que nos pertence.

Como as histórias relatadas neste livro mostrarão, desperdiçar os anos da adolescência não é o que a maioria de nós *realmente* quer. E também não é o que Deus deseja para nós.

Rompendo a corda

Lembra de nosso elefante indiano, preso por nada mais do que um pedaço de corda e uma estaca cravada no solo? O que acontece ali? Por que ele não se solta? Não lhe falta a força para isso. Por que motivo o elefante não a usa?

Eis como a coisa funciona: quando o elefante ainda é jovem, o dono o afasta da mãe e o prende a uma árvore com uma corrente bem forte em volta da pata traseira direita. Durante dias ou semanas, o jovem elefante se esforçará para sair, puxando e tentando romper a corrente, mas a única coisa que consegue é fazer aquela corrente lhe cortar a pata. Com o tempo, o animal desiste e aceita a ideia de que não pode ir a lugar algum se tiver alguma coisa em volta de sua pata traseira direita.

Logo o dono do elefante pode substituir a árvore por uma estaca e as correntes por um pedaço de corda, pois bastará ao elefante sentir alguma resistência na pata para desistir e parar. Não há nada ali além de um pedaço de corda envolvendo o tornozelo do paquiderme, mas há algemas em volta de sua mente.

Neste livro, temos a esperança de demonstrar que nós (Alex, Brett, você e os adolescentes do mundo todo) somos como aquele elefante. Temos consciência da força e do potencial que Deus nos concedeu — o potencial para *pegar pesado* e realizar coisas importantes —, mas ainda somos escravos de uma mentira. Fomos condicionados a acreditar em coisas falsas, a parar quando as coisas complicam e negligenciar o incrível propósito de Deus para os anos de nossa adolescência.

Nos capítulos a seguir, queremos mostrar que, bem lá no fundo, você deseja *pegar pesado* e sabe que foi criado para realizar coisas de grande valor — mais do que isso, você *é capaz* de realizá-las. Então descobrirá um modo totalmente novo de viver os anos de sua adolescência e o restante de sua vida. A Palavra de Deus e a História demonstram que somos muito mais capazes do que imaginamos. Este mundo tenta nos fazer cair na armadilha de acreditar que estamos presos porque temos um barbante amarrado em volta do tornozelo. *Radicalize* ajudará você a arrebentar esse laço.

É a isso que chamamos de Rebelução: romper as algemas da mentira e da desvalorização da adolescência, levando nossa geração a uma compreensão verdadeira e muito empolgante desse período da vida — não como uma época de fuga das responsabilidades, mas como uma plataforma de lançamento para o restante da vida.

O que acha disso? Vamos descobrir no capítulo 4.

CAPÍTULO 4

UM CAMINHO MELHOR

Os anos da adolescência como plataforma de lançamento para a aventura da vida

Raymond tem dezoito anos e vive em Baltimore, Maryland.[1] Os pais se divorciaram quando ele tinha catorze anos, e Raymond se envolveu em tudo quanto se pode imaginar: fumo, bebida, drogas... até mesmo o tráfico de entorpecentes. Ele vive mudando de uma casa para a outra, já brigou com vários amigos e luta para conseguir permanecer em algum emprego, mesmo o mais humilde.

Quando olha para o rumo que sua vida tomou, ele demonstra arrependimento. "Quando comecei a cursar o Ensino Médio, minha mentalidade era mais ou menos assim: 'Uau, vou curtir muito. Estou no Ensino Médio, e todo mundo *cai na farra* quando chega aqui'. Mas não sei. Eu preferia não ter pensado daquela maneira."

Raymond insiste em que não será um eterno usuário de drogas. Ele tem planos de largar o vício, se formar e seguir em frente com a vida. Um dia, ele espera se tornar proprietário de uma agência de automóveis para vender BMWs. Para ajudar a manter esse sonho vivo, ele assina a revista *duPont Registry*, especializada em carros de luxo, mansões e iates. Também quer passar a frequentar a igreja com mais assiduidade quando ficar mais velho.

"Penso em meu futuro poucas vezes por semana", diz Raymond. "O que eu pretendo fazer da vida? Será que quero ser um maconheiro pelo resto de minha existência?" É claro que não, garante.

Mas, se é assim que penso, por que não mudar agora mesmo? Raymond responde:

> Não sei. Já pensei nisso, mas eu meio que olho para a vida como se fosse um período contínuo de férias. Tenho de me divertir quanto puder. Tenho dezoito anos, e, já que não vivo com minha mãe, posso sair e ficar na rua até a hora que bem entender. Então a coisa é mais ou menos assim: "A vida é como estar em férias o tempo todo, e eu quero mais é me divertir e curtir muito minhas férias". Depois disso, tudo o que quero é me livrar das drogas, colocar a vida em ordem e seguir em frente. Mas não desejo que esse dia chegue muito rápido. Ainda quero me divertir e curtir demais a vida.

É provável que exista um pouco de Raymond em cada um de nós. Você consegue vê-lo em sua vida? Ou na vida de alguma pessoa que conhece? A visão de Raymond reflete a mentalidade de muita gente que pertence à nossa geração. Como muitos adolescentes, ele acredita que tem todo o tempo do mundo. Em algum ponto da vida, ele pode tomar a decisão de largar as drogas, amadurecer e seguir em frente como se nada tivesse acontecido.

Mas será que ele está certo?

Basta girar um botão para tudo se resolver? Ou será que Raymond está seguindo um caminho que o levará a uma enorme decepção quando acordar para a realidade? Será que ele continuará mergulhando nesse estilo de vida, como um desses sujeitos que *pensam* estar aproveitando o melhor, para descobrir depois que, na verdade, desperdiçou a adolescência e ainda colocou em risco o próprio futuro?

Neste capítulo, daremos uma olhada rápida em um grupo de pessoas iguais a Raymond. Na verdade, vamos até dar a elas um nome. Em seguida, mostraremos as grandes oportunidades que essas pessoas estão perdendo. Mas só a título de alerta: vamos usar palavras das quais Raymond provavelmente não gostaria porque descrevemos essas grandes oportunidades como os *cinco tipos de coisas radicais* que possuem o poder de nos lançar do ponto onde estamos para o melhor futuro possível.

Primeiro, porém, o que queremos dizer quando falamos a respeito de "lançar"?

Fracasso no lançamento

Tivemos aulas de natação quando éramos crianças, mas, como fomos criados no noroeste, perto do oceano Pacífico, onde chovia muito, não nos dedicávamos muito a esportes aquáticos. Em outras palavras, não espere que demonstremos grande habilidade dentro d'água. Isso não vai acontecer.

No entanto, uma coisa que aprendemos foi a seguinte: todo trampolim tem um ponto ideal para se pular. Se a pessoa der um salto bem grande e pisar no lugar certo, o trampolim a lançará bem alto, descrevendo uma curva perfeita até a entrada de seu corpo na água da piscina. Pelo menos, é o que se espera. É claro que, se essa pessoa não pisar no ponto certo do trampolim, a coisa não funcionará tão bem. O corpo perderá o equilíbrio, o trampolim dará um solavanco e ela vai balançar até cair toda desajeitada na água. Pode ser até que caia de barriga. Na verdade, se alguém estiver assistindo, *pode ter certeza* de que ela cairá de barriga.

Voltemos ao assunto. Você consegue ver o quadro que estamos tentando desenhar?

A piscina é a sua vida no futuro. O trampolim é a sua vida presente. O mito da adolescência faz você acreditar que o momento atual é de fazer festa à beira da piscina. Mas o fato é que você já está pulando no trampolim.

A intenção do trampolim é nos lançar, nos projetar com propósito e precisão na direção do futuro. Podemos tanto dar um mergulho bem-sucedido dentro da piscina da maturidade quanto cair de barriga — um lançamento fracassado.

No livro *Thoughts For Young Men* [Reflexões para jovens], J. C. Ryle escreve: "A juventude é o tempo da semeadura para a vida adulta, a estação da formação no curto espaço da vida humana, o momento da virada na história da mente de um homem".[2] Em outras palavras, o que cada um de nós se tornará no futuro depende em grande medida daquilo que somos agora. Será que estamos levando isso realmente a sério?

Em 1Coríntios 9:24-25, o apóstolo Paulo diz:

> Corram de tal modo que alcancem o prêmio. Todos os que competem nos jogos se submetem a um *treinamento rigoroso*, para obter uma coroa que logo perece; mas nós o fazemos para ganhar uma coroa que dura para sempre (grifos do autor).

Estamos convencidos de que os anos da adolescência constituem a época mais propícia que Deus nos proporcionou para nos submetermos a um "treinamento rigoroso". Podemos até ouvir o comentário de Raymond: "Treinamento rigoroso? Você só pode estar de brincadeira!". Continue acompanhando o nosso raciocínio.

Provérbios 20:29 afirma: "A beleza dos jovens está na sua força". Você captou a mensagem? Não há nenhum outro período da vida que nos ofereça melhores condições para decidirmos quem nos tornaremos. Nossa força — a mente afiada, o corpo cheio de energia e a agenda flexível — é a nossa beleza, a nossa glória. É pouco provável que voltemos um dia a dispor das mesmas condições, da mesma força. Quando optamos por usar os anos da adolescência para nos dedicar a um treinamento rigoroso, estamos fazendo a escolha por estabelecer a direção, desenvolver o caráter e ganhar o impulso para viver um futuro extraordinário.

Mas o que acontece quando deixamos de dedicar os anos da adolescência ao treinamento rigoroso? Como é cair de barriga na vida real? Infelizmente, não é muito difícil descobrir.

Surge o "adoladulto"

Em 2005, a revista *Time* publicou uma reportagem[3] sobre os *kidults*, que poderiam ser traduzidos livremente como "adoladultos", uma nova raça de *adolescentes* na faixa dos vinte e tantos anos ou mais que dão provas convincentes de que o conceito moderno de adolescência não está relacionado a um estágio biológico, mas a uma mentalidade cultural. Não termina quando a pessoa conclui o Ensino Médio nem quando ela completa 21 anos.

"Todo mundo conhece gente assim", afirmava o artigo. "Homens e mulheres crescidos que ainda vivem com os pais, quc sc vcstcm, falam e se comportam como faziam quando ainda estavam na adolescência; pulam de um emprego para outro, de um namoro para outro; eles se divertem muito, mas parecem não chegar a lugar algum."

Os "adoladultos" geralmente não têm uma direção muito clara nem são orientados por algum tipo de senso de urgência. "Em termos jurídicos, eles são adultos, mas vivem no limiar da vida adulta, não passam da porta de entrada e não têm o menor interesse em fazê-lo", diz Terri Apter, psicóloga da Universidade de Cambridge. Em outras palavras, eles estão de pé na ponta do trampolim, mas não saltam.

E isso não acontece apenas nos Estados Unidos. Vários países inventaram nomes para se referir a adultos "adolescentes". Na Inglaterra, por exemplo, eles são chamados "kippers"; na Alemanha, "nesthockers"; na França, "mammones"; e no Japão, "freeters".

"Não se trata apenas de um modismo, de uma tendência passageira ou de movimento próprio de uma geração", alerta a reportagem. "Está mais para um grande fenômeno, algo diferente e de outra ordem."

Contudo, não deveríamos nos surpreender. Afinal de contas, os "adoladultos" são o resultado lógico do mito da adolescência, que incentiva os adolescentes a ver a vida adulta como um obstáculo à diversão que estão experimentando, e não como a coroação desse período.

Ser orientado a evitar o crescimento não nos ajuda nesse processo de lançamento rumo à vida adulta. Na melhor das hipóteses, leva-nos a estacionar na ponta do trampolim, paralisados na criancice e na irresponsabilidade da adolescência. Na pior, leva-nos a nos debatermos no fundo da piscina, despreparados para enfrentar os grandes desafios da vida.

Recebemos esta mensagem eletrônica em julho de 2007, mas ela representa muitas conversas que tivemos com pessoas na faixa dos vinte anos, ou mesmo no início da casa dos trinta:

> Eu tinha a minha própria ideia de diversão, que consistia em muita leitura recreativa, muitas horas jogando videogame, bastante tempo fazendo as coisas de que gosto. Até hoje, nunca consegui me firmar em um emprego e continuo vivendo na casa de minha família. A falta de uma capacitação autêntica tem gerado algumas consequências bastante negativas a um relacionamento muito importante para mim.
>
> Quando eu era adolescente, chegar aos 26 anos parecia algo bem distante, mas as decisões equivocadas que tomei naquela época (todas em vão) afetam minha vida agora, e de várias maneiras muito sérias. Sou um exemplo de como o descrédito em relação aos adolescentes e a adoção de uma cultura do tipo "se é divertido, estou dentro" pode complicar as coisas. Também sou uma prova viva (como outras pessoas por aí que ainda vivem na casa dos pais fazendo pouca coisa além de sonhar) de que a adolescência pode mesmo se estender para além dos vinte anos.

Os "adoladultos" são um exemplo trágico do mito da adolescência em ação. E as consequências não se limitam a esse período da vida. Depois que relatamos a história de Raymond em uma conferência em Indianápolis, um homem (provavelmente na casa dos quarenta e tantos anos) se aproximou de nós. Com lágrimas nos olhos, ele nos disse: "Sou Raymond. A história que vocês contaram reflete exatamente a minha vida".

Ele explicou que era um bom aluno durante a adolescência. O colégio de Ensino Médio em que estudava funcionava segundo uma estrutura de três turmas por cada série, e ele sempre ficava na classe dos melhores estudantes. Como estava se saindo muito bem na escola, achou que poderia curtir a vida e experimentar drogas. No entanto, passados mais de vinte anos, ele *ainda* luta contra as implicações daquela atitude.

"Eu achava que deveria aproveitar os anos da adolescência fazendo muita farra", ele disse. "Desde então tenho pagado o preço. Não quero que os adolescentes de hoje cometam o mesmo erro."

A boa notícia é que não temos de fazer isso! Como vimos no último capítulo, o que se classifica como "normal" hoje em dia é, na verdade, uma exceção cruel — um mito. Os anos da adolescência nem sempre foram considerados um período de perda de tempo, e os adolescentes nem sempre foram vítimas desse tipo de desvalorização. Contudo, ainda há esperança, mesmo para os "adoladultos". Como dissemos àquele homem em Indianápolis como forma de encorajá-lo, nunca é tarde demais para começar a fazer as coisas mais radicais. William Wilberforce, um dos maiores exemplos de *rebelucionários* que já existiram, desperdiçou os primeiros 25 anos de sua vida em baladas e excessos. Mesmo assim, seguiu em frente para se tornar uma força incansável na luta pelo fim da escravidão e pela emancipação dos escravos no Império Britânico.

Como foi que ele fez isso? Primeiro, Deus abriu caminho e transformou o seu coração. Na mesma hora, Wilberforce foi tomado de um profundo sentimento de arrependimento, lamentando-se pelo "ócio sem sentido" de seu passado, pelo "desperdício dos anos mais valiosos da vida e pelas oportunidades perdidas, que nunca mais poderão ser recuperadas".[4] Depois, porém, Wilberforce optou por *jogar pesado* e fazer as coisas mais radicais. Ele mergulhou nos estudos e no trabalho duro. Por mais de quarenta anos, lutou contra a escravidão no Império Britânico. Por causa de seus esforços e de sua convicção, Wilberforce viu a abolição desse sistema pouco antes de sua morte. Poucos homens deixaram um marco tão poderoso na História.

Essa é a boa notícia do evangelho. Deus oferece graça e redenção àqueles que desperdiçaram o seu passado. Mas jamais devemos usar a graça divina como justificativa para desperdiçar um minuto sequer do que Wilberforce chamou, com propriedade, de "anos mais valiosos da vida".

O espírito da coisa

Lembra-se de George, David e Clara, sobre quem falamos no capítulo anterior? Da última vez que falamos sobre George, ele trabalhava como pesquisador oficial do condado de Culpeper aos dezessete anos.

David, aos doze anos, estava encarregado de levar um navio capturado aos Estados Unidos e manter um capitão rebelde sob controle até chegar ao seu destino. Clara cuidava de pessoas que haviam contraído a varíola e tomava conta de uma classe escolar aos dezessete. Fica claro como cada um deles usou os anos da adolescência para se dedicar ao treinamento e para se lançar à idade adulta. De que maneira isso lhes serviu mais adiante?

Depois de três anos como pesquisador na Virgínia, o governador indicou George para assumir uma milícia estadual como major, um alto posto. Quando, então, surgiu a notícia de que a França estava invadindo o território de Ohio, George recebeu ordens para liderar uma expedição por centenas de quilômetros em pleno inverno. O objetivo era avaliar a força dos soldados inimigos e avisá-los de que deveriam deixar o local. Ele conseguiu cumprir a tarefa.

Aos 22 anos, George foi promovido a tenente-coronel, e aos 23 já era comandante-em-chefe de toda a milícia da Virgínia. Pode ser que você também tenha ouvido falar sobre o que ele fez mais tarde na vida: exatamente vinte anos depois, George assumiu o posto de comandante-em-chefe do Exército Continental durante a Guerra da Revolução, tornando-se depois o primeiro presidente dos Estados Unidos, George Washington.

O nome completo de David era David Farragut, primeiro almirante da marinha dos Estados Unidos e herói durante a Guerra Civil. Sua coragem diante do intenso fogo inimigo na batalha de Mobile Bay lhe proporcionou fama duradoura — mas aquele não foi, de maneira alguma, seu primeiro ato de bravura. Ele foi preparado para aquele momento desde os dias da infância como cadete no navio Essex.

Clara é mais conhecida como a fundadora da Cruz Vermelha dos Estados Unidos: Clara Barton. Seu desejo de servir as pessoas começou quando ela ainda tinha onze anos, ao cuidar de seu irmão, David. Esse desejo só fez crescer a partir daquele momento. Ela passou a cuidar dos enfermos de sua vila, das crianças a quem ensinava na escola, dos milhares de homens feridos durante a Guerra Civil norte-americana e, mais tarde, de milhões de pessoas por intermédio da Cruz Vermelha dos Estados Unidos.

Há uma razão pela qual nunca esquecemos do nome e da biografia de homens e mulheres como George Washington, David Farragut e Clara Barton. Eles investiram os anos da adolescência de tal maneira que suas realizações os transformaram em agentes da História.

A maioria dos leitores provavelmente não se surpreendeu ao descobrir quem foram George, David e Clara. Isso porque, bem no fundo, todos sabemos que os anos da adolescência não são nenhum tipo de período místico completamente desconectado do restante da vida. Para o bem ou para o mal, essa época nos projeta na direção do futuro — o nosso futuro.

Nas histórias de George, David e Clara podemos ver que assumir responsabilidades e desafios durante os anos da adolescência foi genial. Por que genial? Explico: porque tomar decisões radicais (*pegar pesado*) quando adolescentes preparou os três para uma vida de grande impacto — uma vida repleta de desafios que não seriam capazes de vencer de outro modo.

Precisamos analisar nossa vida com honestidade. Será que a maneira pela qual estamos usando o nosso tempo neste momento está nos preparando para aquilo que esperamos ser no futuro? Será que estamos nos dedicando agora às coisas que nos capacitarão a alcançar as grandes realizações que Deus reservou para o nosso futuro? Essas são perguntas fundamentais para esse período da vida.

Certa vez, uma historiadora afirmou que George Washington "se tornou o homem que havia lutado para ser".[5] Essa declaração é verdadeira não apenas na trajetória de Washington, também vale para a nossa vida. Todos nos tornaremos os homens e as mulheres que lutamos (ou não) para ser. George, David e Clara colocaram em prática um conselho presente no Antigo Testamento: "É bom que o homem suporte o jugo enquanto é jovem" (Lm 3:27). Quando jovens, eles criaram o hábito de superar os obstáculos, forjando a determinação e o caráter que os capacitariam para o resto da vida. Repito: isso não deveria nos surpreender. Afinal de contas, é assim que o esforço funciona. Aí está a genialidade própria da atitude de quem *pega pesado*.

Vamos encerrar este capítulo fazendo uma análise sobre o que queremos dizer quando falamos em *pegar pesado*.

Cinco tipos de coisas radicais

Chamamos as cinco categorias a seguir de "Cinco tipos de coisas radicais". Não constituem nenhum segredo, não têm nada a ver com misticismo nem se limitam a ser úteis apenas para um grupo (mesmo que seja só para os adolescentes). São oportunidades proporcionadas por Deus e movidas a partir de princípios divinos que funcionam para todo mundo. Se nos lançarmos a essas oportunidades neste momento, alcançaremos resultados poderosos, tanto agora quanto no futuro.

Os exemplos que damos ao falar de cada categoria constituem nada mais que isto: exemplos. Não temos a intenção de apresentá-los como uma definição perfeita do significado de "pegar pesado"; o que queremos é apresentar a você um panorama da incrível variedade de desafios que se apresentam a nós.

Então, aqui lá vamos nós. Aqui estão cinco coisas radicais quando alguém se dispõe a *pegar pesado*.

1. *Coisas que estão além de nossa zona de conforto*
   Isso poderia incluir atividades como falar em público, aprender uma nova habilidade ou desenvolver outra que já se possui, viajar para descobrir lugares novos ou conhecer gente diferente. Qualquer coisa que leva você a sair da rotina e parar um pouco com as atividades cotidianas pode ser incluída nesta categoria. Essas atividades têm essa capacidade de nos desafiar porque não estamos acostumados com elas, ou mesmo porque nos assustam, mas em geral acabam se tornando lembranças muito marcantes, e sempre ampliam a nossa zona de conforto no futuro.

2. *Coisas que ultrapassam aquilo que se espera ou se cobra de nós*
   Por exemplo, digamos que você precise de uma nota 6 para passar na prova, mas o seu alvo seja um 9,5 ou um 10. Você não se contenta apenas em fazer o necessário, pois seu *propósito* é fazer o melhor. Pode se apresentar como voluntário para fazer a limpeza da igreja depois do culto dominical, ficar até mais tarde no trabalho sem ganhar hora extra só para ajudar um amigo que precisa terminar uma atividade ou realizar pequenas tarefas domésticas sem que alguém precise pedir ou mandar. Essas ações são radicais porque elas dependem por completo de nossa iniciativa. Ninguém precisa nos pedir ou mandar. Por causa disso, quase sempre essas ações constituem as realizações das quais mais nos orgulhamos.
3. *Coisas que são grandes demais para serem alcançadas sem ajuda*
   Geralmente, são os grandes projetos, como organizar uma campanha, gravar um vídeo, formar um ministério de adolescentes para trabalhar com moradores de rua, mudar a política de sua escola em relação a uma questão importante, liderar um movimento para tirar um programa de baixarias do rádio ou formar uma banda. Esses projetos também podem incluir causas *realmente* grandes, como lutar contra o trabalho infantil, o aborto ou a pobreza e as epidemias na África. Nós abraçamos essas causas com paixão porque Deus as coloca em nosso coração. Para que possamos ser eficazes nesses tipos de projeto, precisamos compartilhar nossa paixão com outras pessoas e recrutá-las para que trabalhem ao nosso lado.
4. *Coisas que não oferecem recompensa imediata*
   Trata-se de tarefas como combater o pecado, malhar, fazer a lição de casa e obedecer aos pais. Elas são radicais porque você não vê muito progresso de um dia para o outro e também porque, especialmente no momento em que as executa, a sua impressão é a de que seria bem mais feliz se não tivesse de fazer

aquilo. Além disso, geralmente são tarefas que ninguém vê e, por isso, não geram reconhecimentos ou elogios — coisas como ser fiel às suas disciplinas espirituais, concentrar a energia no cultivo de bons hábitos na escola ou atravessar sempre na faixa de pedestres e com o sinal fechado (mesmo quando você está atrasado). Mesmo assim, você faz todas essas coisas porque são certas, e não por causa de alguma recompensa imediata. Em todos esses casos, você se sentirá melhor a longo prazo, embora tenha de *pegar pesado* a curto prazo.

5. *Coisas que desafiam a norma cultural*
   Essas escolhas seguem na contramão da sociedade: vestir-se moderadamente, dizer "não" ao sexo antes do casamento, manter a opinião em assuntos como a homossexualidade e o aborto, mesmo que seja impopular, recusar-se a assistir a filmes eróticos ou pornográficos, falar do evangelho a outras pessoas ou viver verdadeiramente como um cristão. Essas escolhas são radicais porque podem custar a nossa popularidade ou algumas amizades. Em alguns países, podem até custar a vida. Para realizar as coisas listadas nesta categoria, temos de nos preocupar mais em agradar a Deus do que às pessoas à nossa volta. Mas a recompensa é imensa: ao fazermos isso, podemos mudar o curso da História.

Nos próximos capítulos, vamos mergulhar profundamente em cada uma dessas categorias. Ajudaremos você a superar os obstáculos mais comuns que se erguem entre a sua vida e a realização das coisas radicais, mais difíceis. Além disso, mostraremos como os adolescentes ao redor do mundo estão realizando coisas grandiosas e empolgantes para Deus.

Você conhecerá uma garota de quinze anos cuja ideia simples levou à criação de um projeto na internet que beneficia milhares de pessoas em vários países; um garoto da mesma idade que conseguiu arrecadar mais de vinte mil dólares entre um grupo de quatro amigos para fornecer água limpa às crianças africanas; um jovem de dezenove anos, líder de uma banda que chegou a ser indicada para o prêmio Grammy; e muitos outros adolescentes vivendo como *rebelucionários* em casa, na escola, na igreja e em suas comunidades. Esses jovens estão se rebelando contra a depreciação do valor do adolescente. Eles optaram por aproveitar cada benefício possível dos anos da adolescência e investi-lo de maneiras criativas, responsáveis e bastante eficientes.

Ao ler as cinco categorias, é provável que você tenha parado para pensar em algumas dessas atitudes radicais que já colocou em prática. Se for esse o seu caso, nosso apelo é no sentido de que você mergulhe nelas com uma paixão renovada, pois são desafios singulares preparados por Deus para a sua vida. Você foi criado para isso. Não estamos pedindo a você que viva da maneira mais fácil, mas da maneira que mais agrada a Deus.

Cinco escolhas simples, mas poderosas, ajudam a tornar isso possível. É isso que analisaremos a seguir.

PARTE 2

CINCO MANEIRAS DE "PEGAR PESADO"

CAPÍTULO 5

AQUELE PRIMEIRO PASSO TÃO ASSUSTADOR

Como fazer as coisas radicais que o obrigam a sair de sua zona de conforto

Conhecemos um sujeito que se chama Tyler. Ele estava pensando em se formar no Ensino Médio antes do tempo, mas não tinha certeza de que seria capaz. Por isso, não tentou. Depois de se formar, ele teve muitas ideias para iniciar alguns negócios, mas não queria arriscar o pouco dinheiro que tinha em algo que podia não dar certo. Assim, decidiu esperar. Chegou a considerar a hipótese de entrar em uma faculdade para estudar Engenharia Ambiental, mas tinha receio de que fosse mudar de ideia no meio do caminho. Por isso, continuou em casa.

Hoje Tyler é um homem de 21 anos que nunca fracassou em nada. Na verdade, ele nunca *fez* nada. Perdeu uma oportunidade após a outra de crescer, de descobrir, de conhecer e de se fortalecer.

A vida é cheia de coisas assustadoras: o primeiro dia de aula no Ensino Médio; o primeiro discurso; o casamento. Certos acontecimentos marcam passagens importantes de nossa vida. Antes dele, você era uma pessoa; depois, tornou-se alguém diferente. Mas Tyler passou a vida toda evitando essas "primeiras vezes". Ele é, basicamente, a mesma pessoa que sempre foi.

Este capítulo fala sobre como fazer as coisas mais radicais que geram esse processo do "antes" e "depois". Olhamos especialmente para a etapa que torna possíveis as "primeiras vezes" mais importantes — aquela que tira a pessoa de sua zona de relativo conforto e a conduz a um território assustador do lado de fora. Só o fato de pensar em dar um passo nesse sentido faz muita gente arrepiar, resistir e paralisar. Imaginamos que os monstros do medo, da vergonha e do sofrimento estão prontos para nos devorar. No entanto, se insistimos e nos arriscamos, experimentamos uma sensação de vitória.

Demos esse passo na direção do "novo" há apenas dois anos, quando deixamos as antigas rotinas para trás. Agora, em razão dessas experiências, somos pessoas diferentes. Fomos transformados de uma maneira que Tyler, infelizmente, nunca conheceu.

"*Pegar pesado* para fazer coisas que estão fora da zona de conforto" é o primeiro item de nossa lista de cinco atitudes radicais que podem dar início a uma *rebelução* em sua vida porque, por mais bobo que possa parecer, dar esse primeiro passo para fora da zona de conforto costuma ser a iniciativa mais assustadora de todas. Também a colocamos em primeiro lugar porque esse primeiro passo assustador é *sempre* necessário quando estamos dispostos a fazer todas as outras coisas radicais sobre as quais falaremos mais adiante.

Em nossa família, gostamos de lembrar (e rir) de um grande passo adiante que Brett deu há pouco mais de dez anos. Ele lutou com bravura, se debateu e quase se afogou. Deixemos que ele mesmo conte a história.

> Ainda me lembro do primeiro banho de chuveiro que tomei sozinho. Foi uma experiência terrível. Eu tinha oito anos...
>
> Não pedi para ser promovido de Tomador de Banho Junior a Tomador de Banho Profissional, mas um dia meus pais se deram conta: "Ele já tem oito anos e ainda toma banhos de banheira!". Acontece que os banhos de banheira eram tudo de bom. Era gostosa a sensação da água fluindo abaixo da linha do pescoço. Desde que eu não me mexesse muito dentro da banheira, não havia o risco de molhar a cabeça ou os olhos. Se Alex gostava de tomar banho na ducha, o problema não era meu.
>
> Antes que pudesse argumentar, lá estava eu, vestindo nada mais do que a sunga que ganhara no aniversário e olhando para aquela ducha terrível. Ela estava ali, apontada para mim como se fosse a arma de um assassino profissional. Foi então que meu pai *puxou o*

gatilho e o chuveiro começou a funcionar. Antes de a água atingir o meu corpo, eu já estava gritando.

Conforme as gotas quentes batiam na minha pele e a água invadia meus olhos, meus ouvidos e meu nariz, eu me convencia mais e mais de que meus pais me detestavam. Não era possível que eles me amassem! E mais: eu mesmo já não tinha muita certeza de que os amava.

O fato de morarmos no campo era uma coisa positiva. Se não fosse assim, os gritos que eu dava no banheiro levariam os vizinhos a ligar para a polícia. Quando meu pai permitiu que eu saísse do chuveiro, eu era um menino de oito anos arrasado, furioso e encharcado.

Mas aquilo foi há dez anos. O mais engraçado é que hoje pela manhã tomei um banho de chuveiro sem pensar duas vezes a respeito. A sensação da água quente no rosto foi muito boa. Não tive medo de me afogar. Não fiquei com raiva de ninguém. Não é incrível constatar que uma coisa classificada como fora de cogitação aos oito anos de idade hoje é uma parte vital e agradável de minha rotina diária?

Todo mundo já passou por esse tipo de experiência

A história do chuveiro é verdade. A princípio, é uma coisa tola, mas ilustra uma questão importante. Você consegue se lembrar de alguma coisa em sua vida que, na época, parecia totalmente além de seu controle? Talvez fosse algo tão simples quanto amarrar os sapatos ou andar de bicicleta sem as rodinhas nas laterais. Ou mesmo aprender a ler no jardim de infância ou resolver problemas básicos de matemática na segunda série do Ensino Fundamental. Na época, todas essas coisas constituíam um passo importante para fora de sua zona de conforto. Hoje, é claro, você é capaz de executar essas mesmas atividades sem sequer perceber.

Por mais tolas que pareçam, essas realizações servem de comprovação para uma coisa muito importante: quando damos um passo adiante, mesmo que nos sintamos mal, com medo ou inseguros, nossa zona de conforto se expande. Desenvolvemos nossa força e nossa capacidade. O nosso conceito de normalidade muda, às vezes de modo radical.

Tomemos Jared como exemplo. Ele deu um passo além quando substituiu o líder de louvor do grupo jovem de sua igreja, que participava de uma viagem missionária — embora ele só tivesse começado a tocar guitarra poucos meses antes. Um ano depois, ele já havia se tornado o líder de música de toda a igreja, e sua banda se preparava para lançar o primeiro álbum. "Aquele pequeno passo mudou toda a minha trajetória", diz Jared. "Abriu-me as portas para fazer o que eu jamais imaginava que seria capaz."

O mais estranho é que, mesmo quando os adolescentes sentem os benefícios de sair de sua zona de conforto, eles ainda tendem a reagir exatamente da mesma maneira diante do desafio seguinte. Eles resistem, postergam, lutam e se debatem, tudo isso para não ter de deixar sua rotina confortável. Contudo, a opção pelo conforto cobra um preço alto: sem mesmo perceber, levantamos uma cerca invisível à nossa volta. Nada que seja desafiador tem permissão para entrar — *mesmo que seja algo com o potencial de nos libertar*. Dentro dos limites da cerca estão todas as coisas com as quais nos sentimos à vontade, aquelas que já fizemos com sucesso. Do lado de fora da cerca? Nem pensar!

Toda vez que pedimos a adolescentes que façam uma lista de coisas que estão do lado de fora de sua zona de conforto, surgem alguns temores comuns: medo de falar em público, de tentar alguma coisa nova (especialmente se outras pessoas estão olhando ou dependem de você), de conhecer lugares novos ou pessoas novas. Coisas assim parecem difíceis porque não estamos acostumados com elas ou porque nos assustam; mas você já reparou como elas, em geral, acabam se tornando nossas lembranças mais marcantes e nossas histórias favoritas?

Em novembro de 2007, fomos convidados a falar em dois eventos no Japão, incluindo uma conferência de adolescentes em Tóquio.

Foi uma oportunidade incrível de ministrar à nossa geração em uma parte do mundo tão diferente da nossa. Mesmo assim, ficamos bem nervosos, não só porque nunca havíamos viajado para fora do país (dizem que o Canadá não conta), mas também pelo fato de que falaríamos em oito oportunidades — mais do que em qualquer outro evento anterior. E como se isso tudo já não fosse muito além de nossa zona de conforto, estávamos trabalhando com intérpretes, o que significava uma experiência absolutamente nova.

Quase tudo em relação à viagem era novo e desconhecido, desde o idioma estranho até os banheiros esquisitos, passando pela comida — por exemplo, carne crua de baleia e de lula. No fim, porém, mesmo não sendo uma situação fácil, estava longe de ser tão complicada quanto havíamos imaginado. O mais importante é que a ministração foi extraordinária e fizemos uma amizade incrível com muita gente. Agora queremos voltar lá assim que for possível!

Quando olhamos para trás, achamos engraçado o fato de que a parte mais difícil da viagem foi a própria decisão de ir. Depois dessa fase, ficamos muito empolgados. Mas por que é tão difícil para nós dar um passo além de nossa zona de conforto?

Já vimos que a cerca que nos impede de sair da zona de conforto é quase sempre erguida por causa do medo: medo da fraqueza, do desconforto, do fracasso, da humilhação. Também notamos outra coisa: não dá para viver pela fé e com medo ao mesmo tempo. Como Paulo escreveu em 2Timóteo 1:7: "Deus não nos deu espírito de covardia, mas de poder, de amor e de equilíbrio". E quando lemos sobre os heróis da Bíblia que realizaram coisas grandes e radicais em nome de Deus, descobrimos qual era a principal característica deles: "Sem fé é impossível agradar a Deus..." (Hb 11:6).

Felizmente, os medos costumam não passar de mentiras bem camufladas. Na próxima parte do livro, analisaremos uma verdade poderosa que poderá ajudar você a enfrentar os medos que o impedem de realizar coisas radicais em nome de Deus.

Saia da antiga zona de conforto

Pense em cada um dos três princípios que verá nesta parte do livro como fatores de ruptura da zona de conforto. Ponha essas grandes verdades em prática na hora de fazer suas escolhas e, assim, conseguirá compreender por que uma zona de conforto é mesmo um lugar caracterizado pela mediocridade e como deve proceder para ultrapassar esses limites.

Deus trabalha por meio de nossas fraquezas para realizar seus grandes planos

Todo mundo gosta de se sentir forte e esperto. Isso significa que, quando começamos a nos sentir pressionados a ultrapassar os nossos limites, pisamos no freio, damos meia-volta e retornamos à nossa zona de conforto. Ninguém quer correr o risco de se sentir fraco ou bobo.

Alyssa Chua, uma *rebelucionária* de dezessete anos que vive nas Filipinas, explicou desta maneira seu padrão de comportamento: "Minha zona de conforto era o lugar onde tudo estava do jeito que eu queria; uma situação na qual eu nunca tinha de fazer um esforço extra ou algo mais difícil; um lugar onde eu podia sentar, relaxar e curtir a vida".

Ela nos contou também qual era o problema: enquanto se mantinha em sua zona de conforto, Alyssa estava se recusando a render a vida inteiramente a Deus. Ela estava evitando as coisas radicais que ele a estava convocando a fazer. Hoje Alyssa percebe que sair de sua zona de conforto fez toda a diferença. Ela diz:

> Fora de minha zona de conforto, aprendi a confiar em Deus para receber forças, em vez de acreditar que os pequenos prazeres deste mundo é que poderiam proporcionar essa sensação. Do lado de fora de minha zona de conforto, descobri que eu poderia servir a Deus de maneira mais plena e usar todos os meus talentos em nome dele, sem reservas.

Quanto a você, não sabemos, mas nós estamos o tempo todo erguendo essa cerca invisível (aquela que mantém as ameaças do lado de fora e nós do lado de dentro). Ela se torna maior a cada vez que dizemos ou pensamos coisas como: "Não sou um cara bom em matemática"; "Não sou uma pessoa organizada. Meu cérebro não funciona desse jeito"; ou: "Sei que sou uma pessoa meio difícil de lidar".

Quando usamos esses argumentos, estamos dizendo, na verdade, que não queremos fazer as coisas complicadas ou difíceis. Não estamos interessados em romper as barreiras impostas por nossos temores. Por meio de nossas ações, também estamos declarando que Deus não é suficientemente bom e poderoso para nos ajudar naquilo que não podemos fazer por conta própria.

E esse é o tipo de mentira que o inimigo adora! (Ele também já leu Hb 11:6.)

Smith Wigglesworth só aprendeu a ler quando adulto, e durante a maior parte de sua vida foi incapaz de falar em público em virtude de uma terrível gagueira. Contra todas as probabilidades, ele superou os impedimentos e se tornou um dos maiores evangelistas da Inglaterra, levando milhares de pessoas a Cristo.

Poderíamos ouvir essa história e dizer: "Que pena. Se ele tivesse conseguido falar com mais facilidade, imagine como seu ministério poderia ter sido mais frutífero". Mas Wigglesworth reconhecia que as dificuldades pelas quais havia passado foram fundamentais para a eficácia de seu ministério. Ele costumava dizer: "Uma grande fé é resultado de grandes lutas. Grandes testemunhos são produzidos a partir de grandes testes. Grandes triunfos só podem surgir quando passamos por grandes provações".[1] Assim, quais são as nossas justificativas para permanecermos sentados, sem fazer nada?

1. Não somos tão bons quanto alguém ou alguma coisa que conhecemos.
2. Não temos todos os recursos dos quais achamos que precisamos.

3. Imaginamos que as chances de fracasso e de parecer um perdedor são grandes.

Mas você consegue perceber os enganos contidos em todas essas justificativas? Na verdade, quando as usamos estamos dizendo:

1. Deus só usa os melhores e mais brilhantes.
2. Ele só nos usa quando tudo está em ordem e disponível.
3. Ele só é glorificado... quando buscamos nossa própria glória. (Ai, essa doeu.)

Karen Kovaka, de doze anos, não era uma jovem muito sociável. Ela era aquele tipo de menina que, aos quatro anos, se escondia atrás da saia da mãe quando iam ao shopping; aos sete, se recusava a sair do quarto para conhecer os convidados do jantar; e, aos doze, começava a chorar quando cumprimentava um estranho.

Foi então que os pais de Karen a inscreveram para participar de uma conferência dos Comunicadores de Cristo. Eles acreditavam que isso a ajudaria a superar seu medo das pessoas. Se Karen soubesse o que era necessário para participar desse evento, teria ficado apavorada. Ao que parece, ela não tinha a menor ideia daquilo em que estava se metendo.

Durante a conferência, Karen começou a dar pequenos passos para além de sua zona de conforto até se deparar com uma revelação: "Eu não apenas aprendi como fazer um discurso", ela conta, "como também entendi como a timidez pode ser uma forma de egoísmo, e que eu tinha de superar meu medo das pessoas se quisesse, de fato, viver no mundo e demonstrar compaixão pelos outros".

Esse primeiro passo no terreno da oratória em público estabeleceu o fundamento necessário para um futuro completamente novo. A partir dali, os pais de Karen a inscreveram em uma liga nacional de oradores e debatedores onde ela competiu por quatro anos. Sua jornada incluiu muitas lágrimas, muitos fracassos e até experiências desagradáveis, mas ela aprendeu que a força de Deus é maior do que sua fraqueza.

Ela optou por competir na maioria das categorias mais difíceis, e ao cabo de quatro anos já estava no *ranking* dos melhores.

No entanto, o sucesso nas competições não era o projeto de Karen. Aos dezessete anos, seu sonho se tornou realidade quando ela foi aceita para fazer uma turnê com os Comunicadores de Cristo, a mesma organização que a havia inspirado a ir além de seus limites cinco anos antes. Agora, aos dezoito anos, Karen é assistente pessoal do diretor executivo da organização e ajuda a treinar centenas de jovens que desejam superar seu medo de falar em público para se tornarem pessoas comunicativas e falar de Cristo.

"É impressionante ver o que a juventude é capaz de fazer quando é despertada e percebe seu potencial ainda cedo", diz Karen. "Acho que os jovens precisam saber que isso é possível, ou seja, que perseguir os sonhos e os objetivos não é um esforço em vão."

Karen sente que é uma testemunha viva do poder divino para compensar nossa incapacidade com sua suficiência. "Os jovens desejam fazer coisas relevantes, mas precisam realmente acreditar que, com a ajuda de Deus, eles são capazes."

Acontece que Deus gosta muito de usar alguns garotos gagos e certas meninas tímidas para mudar a vida de outras pessoas para sempre. E isso não tem nada a ver com a sensação de força; é uma questão de obediência a Deus.

Mesmo quando você está morrendo de medo.

Coragem não é a mesma coisa que ausência de medo

O medo é a cerca que nos mantém presos à nossa zona de conforto. Para ser sincero, costumamos sentir medo por uma razão: em geral, há alguma coisa do lado de fora que provoca essa sensação. O problema é quando não fazemos mais nada além de esperar. E esperar.

Por quê? Bem, ficamos esperando que o medo se vá antes de tentarmos fazer alguma coisa. E costumamos ter medo de tentar coisas novas por causa de experiências dolorosas anteriores. Já tentamos sair da zona de conforto antes e nos demos mal. Dedicamos tudo o que tínhamos a algo que nos era muito importante, mas nossos esforços foram em vão. Não queremos nos constranger de novo com isso.

A verdade, porém, é que essa espera tem tudo para ser muito longa. Se ficarmos esperando até que o medo e a sensação de inadequação vão embora, *nunca* faremos as coisas radicais do lado de fora de nossa zona de conforto. Enquanto não dermos um passo *apesar de nossos medos*, nenhum de nós jamais será realmente capaz de *pegar pesado*. Se quisermos continuar nesse processo de crescimento, aprendendo lições que durarão pelo resto da vida, é necessário derrotar esses temores — não fazendo-os desaparecer, mas reconhecendo que existe algo pior do que a sensação de desconforto, pior do que o fracasso. A pior coisa é nunca tentar.

Compare as histórias de Betsy e Grace:

— Ela está grávida.

— Eu nunca a vi antes. É muito jovem?

— Acho que sim. Foi uma amiga minha quem disse que ela está grávida. São da mesma turma.

Betsy ficou ouvindo as amigas fofocando a respeito da garota grávida. Então olhou para o outro lado da lanchonete. Lá estava ela, sentada sozinha. Ninguém com quem pudesse conversar. Ninguém para rir ao seu lado. Ninguém para chorar com ela.

"Como será que ela está se sentindo agora?", pensou Betsy. "Será que ela tem uma amiga com quem possa conversar?" Foi então que Betsy sentiu como se alguém a estivesse cutucando.

"Por que agora, Deus?", ela questionou. "Será que o senhor não pode encontrar outra pessoa para falar com ela? O que todo mundo vai pensar de mim? Estou com medo!"

"Vá até ela", a voz sussurrou, mas de uma maneira muito clara. Isso se repetiu por três dias seguidos. Só Betsy não quis ouvir aquela voz. Até que a garota foi embora.

"Eu me arrependo da maneira pela qual ignorei o chamado de Deus para fazer o que ele estava me orientando", Betsy comentou conosco mais tarde. "Sempre vou me perguntar como era aquela garota, como acabou aquela história da gravidez e o que teria acontecido se eu tivesse conversado com ela."

Embora Betsy saiba que Deus a perdoou, continua se perguntando: "O que teria acontecido?" O que teria acontecido se ela tivesse optado por obedecer a Deus, apesar de seus temores? Até que ponto a vida de Betsy (e da garota grávida) poderia ter mudado de maneira radical?

Certo dia, no último verão, Grace Mally, uma garota de dezenove anos, prometeu a Deus que falaria dele a qualquer pessoa que encontrasse no parque próximo à sua casa, sem hesitar. No entanto, em vez de se deparar com alguma mãe empurrando um carrinho de criança, ela viu quatro operários de aspecto bruto pintando o carrossel.

"O quê? Tem alguma coisa errada aqui. Com certeza, Deus não deseja que eu testemunhe a eles! Seria assustador!" Na mesma hora, Grace deu a volta e começou a tomar o caminho de casa. "Espere um pouco. Não, não posso voltar para casa. Prometi a Deus que faria isso". Bem devagar, ela se virou e pegou de volta o caminho rumo ao parque.

"Eu sabia que não podia permitir que o medo prevalecesse", conta Grace. "A Bíblia diz por várias vezes que não devemos temer." Depois que começou a falar, seu medo sumiu por completo. Os operários foram surpreendentemente receptivos. Por fim, ela acabou fazendo duas coisas muito boas: falou-lhes do evangelho e ainda ofereceu limonada geladinha aos trabalhadores.

"Não sei o que o Senhor estava fazendo na vida daqueles operários", ela diz, "mas aprendi outra vez que, se permito ao medo que me impeça de fazer as coisas mais radicais, perderei a chance de viver a aventura mais empolgante que a vida pode oferecer: obedecer a Deus".

Betsy e Grace: duas garotas e duas reações diferentes ao chamado divino.

Nosso pai costuma nos dizer: "A verdadeira coragem não é a ausência do medo, mas a recusa a permitir que esse medo controle as suas ações". A coragem de Grace se manifestou no fato de ela se comprometer a obedecer a Deus, independentemente de como ela se sentia. Betsy estava sendo escravizada por seus temores e por um sentimento de inadequação. Mas essa escravidão chegara ao fim.

"Agora eu sei que Deus não estava me mandando fazer aquilo por conta própria", diz Betsy. "Ele estava apenas me convocando para seguir sua orientação e esperar para ver o que aconteceria. Deus desejava me conceder a confiança de que eu precisava para me aproximar daquela garota."

É claro que não estamos incentivando você a pular dentro de uma piscina cheia de tubarões; alguns medos são saudáveis! Em vez disso, estamos falando sobre as coisas que você sabe que deveria fazer, mas *não faz* porque tem medo de fracassar, medo de parecer ridículo ou bobo ou apenas medo das coisas novas e desconhecidas.

Superar nossos medos não significa que devemos deixar de nos preocupar com o que pode acontecer. Apenas requer que entremos em ação, apesar de nosso temor. A escravidão imposta pelo medo é muito pior do que as pancadas e as cicatrizes deixadas depois de algumas quedas. Permitir que o medo controle suas ações é uma declaração de falta de confiança na bondade de Deus. Se permitirmos que o medo nos paralise, sentiremos remorso ao olhar para trás e constatar que tivemos várias oportunidades de agir e não o fizemos.

A boa notícia é que a única coisa necessária para superar muitos de nossos temores é tomar a iniciativa de enfrentá-los (com a ajuda de Deus). O primeiro passo é sempre o mais difícil.

Só alcançamos o sucesso quando nos arriscamos a fracassar

Todo mundo gosta de vencer. Com certeza, é bem melhor do que perder. Mas uma veia competitiva muito promissora também pode produzir um grande medo do fracasso. "Se eu tentar fazer isso e não conseguir", pensamos, "será um desastre e todo mundo vai saber que sou um fracasso total".

Você consegue distinguir o discurso do "tudo ou nada" presente nessa linha de raciocínio? A opção é vencer. Senão, será um desastre total. Mas há uma verdade libertadora que precisamos assimilar: a não ser que sejamos completamente incompetentes, nenhum fracasso pode ser considerado total. Deus não nos chama para sermos bem-sucedidos o tempo todo, mas para sermos fiéis e darmos aqueles primeiros passos mais difíceis, deixando os resultados por conta dele.

Aos catorze anos, Caleb tinha um desejo antigo: gravar um CD. Por fim, economizou dinheiro suficiente para comprar o equipamento do qual precisava e transformou seu quarto em um estúdio. Agora só precisava aprender a operar o equipamento. Ele decidiu aprender fazendo.

Caleb levou três semanas para gravar duas músicas e outras três semanas girando chaves e apertando botões para finalizar a edição. Não foram seis semanas de trabalho alternado com outras atividades: foram seis semanas de dedicação total, de cada minuto. Ele cometeu dezenas e dezenas de erros enquanto tentava aprender a usar o equipamento. Houve um momento em que teve de começar tudo de novo depois de achar que o trabalho estava finalizado. Depois de todo esse trabalho, ele vendeu apenas três CDs. Tirando os pais, vendeu apenas um.

Em momentos como esse, precisamos nos lembrar de que qualquer coisa que valha a pena merece algum esforço, mesmo que não seja grande. Tudo o que vale a pena acaba compensando os erros cometidos e as novas tentativas de acertar. A Bíblia diz que o homem justo cai sete vezes e se levanta novamente (Pv 24:16).

É interessante notar que, em outra passagem bíblica que se refere a fazer alguma coisa sete vezes (perdoar os outros), Jesus esclarece que sete vezes pode perfeitamente significar setenta vezes sete. Será que algum de nós já fracassou em alguma coisa e depois tentou de novo 490 vezes? Aliás, será que alguém já insistiu em fazer alguma coisa pelo menos sete vezes?

O fracasso de Caleb poderia tê-lo desencorajado a tentar de novo. Era o tipo de fiasco que poderia ser interpretado mais ou menos assim: "Você tem um futuro bem mais promissor como jogador de videogame". Mas Caleb não via a situação dessa maneira. Ele estava entusiasmado porque havia aprendido a usar o equipamento!

Desde aquela primeira tentativa, Caleb já completou muitos outros projetos maiores, todos em um período bem menor. Tendo dominado o aspecto técnico da gravação e da mixagem, ele já era capaz de se concentrar em melhorar o desempenho no violão e na composição de músicas. Além disso, agora que os amigos de Caleb sabem que ele possui um estúdio em casa e domina o uso dos equipamentos, passaram a levar seus instrumentos para tocarem juntos.

"É muito melhor do que quando eu estava tentando tocar todos os instrumentos sozinho", diz Caleb, rindo. "Tenho certeza de que vamos formar uma banda neste verão. Estou bem animado."

O que Caleb aprendeu é que não há problema algum em fracassar na tentativa de fazer as coisas mais radicais, pois todo esforço (até mesmo os esforços em vão) produz crescimento. Por exemplo, certa vez estávamos com um grupo grande de rapazes quando alguém teve a ideia brilhante de organizar um concurso de flexões. O objetivo era chegar a uma centena de flexões. A maioria dos rapazes não chegou nem a tentar, seja porque tinham receio de fracassar ou porque *sabiam* que não conseguiriam. No fim, dois ou três rapazes, que acreditavam ser capazes de chegar a uma centena de flexões, e nós dois (Brett e Alex), que tínhamos a *certeza* de que não conseguiríamos, topamos esse empreendimento extremamente masculino.

O resultado não chegou a surpreender ninguém: nós perdemos feio. No fim, ficamos nós dois estendidos no chão, incapazes de levantar e pensando: "Que ideia estúpida. O que é que tínhamos na cabeça quando topamos? Será que um dia seremos capazes de nos levantar de novo?".

É nesse momento que entra em cena a mentalidade do tipo *pegar pesado*: é provável que tenhamos feito um exercício físico melhor do que os outros rapazes. Pense nisso: eles se empenharam muito... até ganhar. Em seguida, eles pararam. Nós também nos esforçamos, mas fomos além. Chegamos ao nosso limite e o ultrapassamos. Ficamos mais fortes, mesmo tendo deixado de alcançar o objetivo.

Muitos de nós permitimos que pequenos fracassos nos impeçam de adquirir habilidades importantes, de manter relacionamentos vitais ou mesmo de conquistar grandes realizações em nossa vida. Uma perspectiva do tipo *pegar pesado* nos faz lembrar de que todo esforço (mesmo o esforço feito em vão) nos fortalece. Ela nos diz que há um motivo pelo qual não somos capazes de fazer cem flexões: não adquirimos a força necessária, o que só é possível com exercícios constantes. Essa perspectiva vira a mesa, levando o fracasso a trabalhar a nosso favor, e não contra nós. Faz do fracasso um caminho para o fortalecimento, e não um motivo para desistir.

Um passo rumo ao desconhecido

Os irmãos Seth e Ian Willard tinham dezoito e dezesseis anos, respectivamente. Nenhum dos dois havia participado de uma campanha política até então. Contudo, eles participaram de uma conferência na qual um dos oradores desafiou os estudantes a fazer diferença no processo político. E adivinhe só: era ano eleitoral.

"Àquela altura, tínhamos de tomar uma decisão", recorda Ian. "Poderíamos nos sentar para assistir ou ir à frente, correndo o risco de fazermos papel de bobos."

Ao voltar para casa, em Minnesota, eles tomaram a decisão de dar um simples passo de fé e ligar para um dos candidatos que apoiavam para oferecer seus serviços. "Estávamos muito nervosos antes de fazer aquela ligação", admite Seth, "mas ele ficou muito contente em saber que poderia contar conosco". No sábado seguinte, os dois irmãos estavam na rua, trabalhando na campanha eleitoral estadual. Menos de uma semana depois, Seth e Ian ouviram a notícia de que um dos amigos de sua família, que frequentara a mesma igreja, estava concorrendo a uma vaga para xerife do condado. Mais uma vez, eles ofereceram seus serviços e, mais uma vez, foram convidados a participar do primeiro encontro de campanha. Antes que se dessem conta do que estava acontecendo, eles já eram membros do comitê de campanha. E Ian nem sequer tinha idade para votar!

Seth e Ian recrutaram muitos amigos para trabalhar ao lado deles, e não demorou muito para que a equipe ficasse famosa. Eles começaram recebendo telefonemas de outras equipes que pediam ajuda. Com o tempo, passaram a viajar por todo o Estado para trabalhar na campanha de um candidato ao Congresso. Algumas semanas depois, eles assistiram com satisfação à divulgação dos resultados. Todas as campanhas nas quais haviam trabalhado foram vitoriosas.

Com todas essas vitórias no currículo, era difícil acreditar que até alguns meses antes eles nunca haviam participado de uma campanha política e não tinham muita certeza de como deveriam começar.

"A princípio, fiquei tentado a me deixar levar pelo orgulho por ter salvado os Estados Unidos", diz Ian, divertindo-se. "Foi então que percebi: aquilo não tinha nada a ver comigo. Fui apenas um instrumento nas mãos de Deus. Ele me usou para realizar a sua vontade. Fico feliz, mas mantenho a humildade."

Adoramos a história de Seth e Ian porque ela demonstra claramente a influência dos três fatores capazes de romper a barreira da zona de conforto que analisamos neste capítulo:

1. Vimos como Deus operou por intermédio deles, apesar da inexperiência dos dois, para realizar coisas grandes.
2. Vimos como os dois se engajaram, apesar do medo. Eles deram o primeiro passo quando fizeram aquela ligação, e Deus lhes abriu um rio de oportunidades.
3. Vimos como eles se arriscaram a fracassar e parecer tolos, mas no fim encontraram o sucesso e ampliaram a sua visão do futuro.

Desde que passaram por essa experiência, Seth e Ian sentem o chamado para incentivar outros jovens de sua geração a se engajar politicamente. Saindo mais uma vez de sua zona de conforto, eles deram início a um clube regional que leva autoridades eleitas para fazer palestras aos estudantes e organiza grupos para visitar a assembleia legislativa, conhecer os deputados e assistir a uma sessão.

"Nossa história começou com um simples passo rumo ao desconhecido", afirma Seth, "mas, pela graça de Deus, ela está apenas no começo. Mal podemos esperar para ver o que nos espera".

Futuro incerto, Deus conhecido

Há um mapa interessante em exibição no Museu Britânico, em Londres. Trata-se de uma velha carta náutica desenhada em 1525, destacando o litoral norte-americano e as águas adjacentes. O cartógrafo fez algumas anotações intrigantes em áreas do mapa que representavam regiões ainda não exploradas. Ele escreveu: "Aqui há gigantes"; "Aqui há escorpiões perigosos"; "Aqui há dragões". Felizmente, os exploradores ignoraram seus avisos e, como resultado, descobriram novos continentes!

Neste capítulo, vimos que não são os gigantes, os escorpiões perigosos nem os dragões que nos mantêm dentro da cerca, mas o *medo* que sentimos deles. Se dermos aquele primeiro passo assustador, com a ajuda de Deus, e seguirmos adiante, experimentaremos de fato a vida mais plena e gratificante que o Criador tem em mente para nós.

Não apenas isso: vimos que Deus está pronto para operar por nosso intermédio, apesar de nossas limitações, e nos abençoar em meio aos fracassos. Em vez de se preocupar com os temores futuros, podemos fazer como Corrie ten Boom: "Nunca tema confiar um futuro incerto nas mãos de um Deus conhecido".

Faz mais de uma década desde que Brett tomou seu primeiro banho de ducha, um dos maiores desafios de sua infância. Desde então, ele enfrentou muitos novos desafios — alguns quase tão temíveis quanto o da água nos olhos e ouvidos. "Quando me pego pensando que esses novos desafios podem acabar comigo, basta me lembrar de que senti a mesma coisa em relação ao meu primeiro banho de chuveiro. Aí dou um sorriso e sigo em frente."

E se você pudesse dizer a mesma coisa a respeito dos desafios imensos que tem de enfrentar hoje? Pare um momento e pense nas questões a seguir:

- Como seria a sua vida se a confiança que você tem em Deus superasse os seus medos?
- Até que ponto sua vida poderia ser diferente se optasse por *pegar pesado*, dando um primeiro passo do lado de fora de sua zona de conforto?

As histórias que compartilhamos neste capítulo são apenas exemplos de uma realidade que vem sendo comprovada na vida de milhares de pessoas. O que aconteceria se uma criança que sofre ataques violentos de ansiedade pudesse seguir em frente com a vida até se tornar um adolescente de quinze anos que já tivesse falado a mais de quinhentas mil pessoas em eventos ao vivo, aparecido em cadeia nacional de TV inúmeras vezes e até feito discursos na Casa Branca? Impossível?

O nome dele é Zach. E tudo é possível com Deus. Até o fim deste livro, apresentaremos a você dezenas de outros jovens (incluindo Zach) cuja vida foi transformada quando se renderam a Deus e seguiram a orientação divina — mesmo quando isso os obrigou a sair de sua zona de conforto.

Vamos conhecer esses relatos para ver as coisas incríveis que lhes aconteceram.

CAPÍTULO 6

ALÉM DAS EXPECTATIVAS

Como fazer as coisas radicais que estão além daquilo que se espera de você

Sarah, uma estudante do segundo ano do Ensino Médio do Colégio Olympic, em Washington, lembra com clareza o dia em que recebeu a pior nota de toda a sua vida em uma redação de Inglês. O papel chegou às suas mãos coberto de comentários anotados pela professora que, no fim, deixou um recado arrasador — e também uma oportunidade. O recado dizia: "Há muito espaço para melhorar, Sarah, você deveria reescrever sua redação".

O mais surpreendente é que não era a nota que a incomodava. "De maneira alguma", diz Sarah. Era algo muito maior: a dolorosa noção de que ela estava sendo negligente, medindo seu trabalho apenas pelas notas, e não por critérios mais importantes, como: "Será que fiz o melhor que podia?"; ou: "Será que estou aprendendo mesmo?".

Tímida, Sarah nos contou: "Já fiz outras redações e sabia que faltava alguma coisa em termos de compreensão. Mesmo assim, eu tirava boas notas". No entanto, sua professora de Inglês viu que Sarah não estava se esforçando o suficiente. "Ela leu a minha redação cuidadosamente e identificou o que estava faltando. Mas ela também percebeu o meu potencial."

Até que ponto Sarah caiu na rotina de dedicar somente o mínimo necessário à escola?

"Quanto entrei no colégio, senti um alívio ao ver que as expectativas em relação a mim eram reduzidas", ela explica. "Eu podia continuar trabalhando, fazia poucas lições de casa e, ainda assim, tirava boas notas." Acontece que ela teve de pagar um preço por isso:

acabou se tornando uma pessoa complacente, sem ter certeza sequer de que estava, de fato, assimilando alguma coisa das aulas.

Por mais dolorosa que tivesse sido aquela experiência, Sarah é grata pelo fato de uma professora ter visto o que estava acontecendo... e elevado o nível.

Sarah aceitou o desafio e optou por rever sua redação. A princípio, ela duvidou da própria capacidade, mas depois de algumas horas retrabalhando o texto viu que o novo rascunho havia melhorado bastante. "Quando refiz minha redação e vi quanto tinha melhorado depois de ser desafiada, é como se uma luz se acendesse. Percebi que não estava aprendendo nada antes."

Naquele dia, Sarah se deu conta de que, se quisesse mesmo se preparar para a vida, teria de assumir a responsabilidade pela própria educação. Se ela medisse o sucesso apenas em função dos padrões de qualidade das outras pessoas, nunca alcançaria seu verdadeiro potencial. Ela tinha de elevar os próprios padrões e, em seguida, fazer o melhor possível para excedê-los.

"Você acha que basta cumprir uma tarefa e satisfazer as expectativas do professor para ter uma experiência de aprendizado de qualidade", diz, "mas, em meu caso, não foi isso o que aconteceu. Depois de um ano e dez professores, eu me dei conta de que, no mínimo, metade deles não tinha expectativas muito elevadas a meu respeito".

A armadilha do "faça o melhor que puder"

Você consegue se identificar com a história de Sarah? É fácil se contentar com menos do que o nosso melhor, especialmente quando nossos débeis esforços parecem ser o bastante para contentar as pessoas que nos cercam. E, com base no que muitos adolescentes dizem, ser "suficientemente bom" pode se transformar em um grande risco. Aqueles que poderiam se sair *muito melhor* ou lidar com um *desafio bem maior* raramente o fazem quando já são suficientemente bons segundo os padrões dos outros.

E quanto a você? Talvez tenha procrastinado um projeto da escola porque sabia que poderia ficar acordado até tarde na véspera da data de entrega e juntar meia dúzia de informações e fotos em um papel. É possível também que tenha aceitado sua posição entre os alunos medíocres, embora saiba que aquele não é o seu devido lugar. Há várias maneiras de não dedicar 100% de seu esforço, e mesmo assim se sair relativamente bem em um time, um grupo jovem, no trabalho, em casa e até na vida pessoal e espiritual.

Neste capítulo, vamos analisar um dos passos mais importantes e desafiadores que você pode dar para vencer a tendência de desvalorização de seu potencial: *rejeite a complacência e opte por* pegar pesado, *fazendo coisas radicais que vão além do que as pessoas esperam ou exigem de você.*

Essa escolha vai direto ao cerne do que significa ser um *rebelucionário*. Sem dúvida, exigir de si mais do que as pessoas pedem, esperam ou querem é quase sempre uma escolha solitária. Ela pode separar você dos amigos, dos colegas de trabalho, de outros cristãos e até da própria família. Como veremos adiante, o desejo de fazer o melhor possível (mesmo quando ninguém exige) é próprio de pessoas com um tipo de caráter muito especial. É uma atitude que coloca a pessoa em conflito com o senso comum, que diz "apenas faça o melhor que puder" quando quer dizer outra coisa bem diferente.

Pense nisso. Essa frase tão banal ("Apenas faça o melhor que puder"), na verdade, incentiva a fazer o contrário. Quando alguém diz isso, você se sente inspirado a ir além? Ou será que essa frase soa como uma espécie de permissão para não passar de seus limites? Dizemos: "Olha, fiz o melhor que pude". Mas será que fizemos mesmo? É mais provável que digamos isso pensando em outro significado: "Olha, eu me esforcei, e basta o que eu fiz".

Acredite se quiser, mas a mentalidade baseada no "suficientemente bom" e no "apenas faça o melhor que puder" nasce, na verdade, do inimigo que conhecemos no primeiro capítulo: o mito da adolescência.

Conheça o sr. Complacência

O mito da adolescência tenta convencer você de duas maneiras. A primeira é produzindo uma lavagem cerebral baseada na desvalorização desse período da vida. Se essa tática não funciona, o mito transforma você em uma exceção. Neste caso, ser uma exceção significa que, em comparação com a irresponsabilidade, a imaturidade e a incompetência que se espera dos adolescentes, você está oficialmente acima da média. Uau! Ganhou uma estrela dourada!

Mas espere um pouco. Ser rotulado como exceção quando essa não é a sua intenção acaba se transformando em uma armadilha. Você pode se tornar como Sarah, flutuando em seu *status* de adolescente acima da média sobre um rio de mediocridade. Sua estrela dourada reduz as chances de que você um dia possa alcançar seu verdadeiro potencial.

Não demora muito e logo você é cegado pela complacência, que pode ser definida como um sentimento arrogante de satisfação com aquilo que se é e com as coisas que se faz. Reconhece esse sentimento? Nós reconhecemos. *Gostamos* dele, com toda a sinceridade. Mas estamos aprendendo que essa satisfação arrogante logo conduz a uma verdadeira decepção.

Sabe por quê? Assim como o orgulho, a complacência se desenvolve quando se esconde por trás das racionalizações ("Ei, eu fiz o melhor que podia..."). Obviamente, isso quer dizer que a maioria das pessoas complacentes não acha que tem um problema. E, como muitos homens sábios ao longo da História observaram, o inimigo mais perigoso é aquele que não conseguimos reconhecer. Quando você não acha que tem um problema — como teria? Afinal, você está acima da média! —, torna-se uma vítima fácil de muitas mentiras bem camufladas.

Imagine se a complacência fosse uma pessoa com quem você convivesse. O sr. Complacência se sentaria ao seu lado, admiraria sua estrela dourada brilhante e, em seguida, sussurraria várias coisas com o objetivo de bajular você:

- "As pessoas acham você demais. Que sorte, hein? Você nem precisou se esforçar para conquistar tanta admiração."
- "Tudo está correndo muito bem. Para que aceitar um novo desafio e correr o risco de fracassar?"
- "Você já é suficientemente bom. Para que perder tempo se aprimorando?"
- "Em comparação com determinadas pessoas... bem... você não é *tão* ruim assim!"
- "Nunca escutei falar que Thomas Edison ou Bill Gates tivessem conquistado uma estrela dourada."

Ouça o sr. Complacência por muito tempo e ele o convencerá de que você precisa, e muito, tirar uma sonequinha.

Mas não se engane. O preço que se paga pela complacência é uma realidade, e pode ser trágico. Acabamos assumindo os hábitos de nos contentar com a mediocridade e de inventar justificativas. A vida fica chata e nem temos muita certeza do motivo. Sabemos (ou, pelo menos, suspeitamos) que poderíamos ter feito ou sido muito mais do que fizemos ou fomos. Mas, como vivemos flutuando, não há como ter certeza disso. É melhor tirar outra soneca.

O periódico Bits & Pieces traça esse quadro deprimente do que está realmente acontecendo:

> A complacência é uma ferrugem que suga a energia, embota a atitude e drena a atividade cerebral. O primeiro sintoma é satisfazer-se com tudo do jeito que é. O segundo é a rejeição das coisas do jeito que elas poderiam ser. "Suficientemente bom" se torna a senha de hoje e o padrão de amanhã. A complacência faz as pessoas temerem o desconhecido, desconfiar do que nunca experimentaram e abominar o novo. Assim como a água, as pessoas complacentes seguem a direção do mais fácil — ladeira abaixo. Elas acumulam uma falsa força do passado.[1]

O texto de Provérbios 1:32 é ainda mais explícito: "Pois a inconstância [complacência] dos inexperientes os matará...".

Ao longo do tempo, essa recusa de alcançar níveis mais elevados, esforçar-se mais e arriscar mais acaba nos privando do propósito glorioso e do futuro maravilhoso que Deus nos criou para alcançar.

Se tivermos sorte, um dia acordaremos para a realidade, como aconteceu com Sarah — uma *sacudida* que nos faz ver como a nossa vida real está se esvaindo —, e então tomaremos a decisão de buscar mais.

Espera-se que *muito* mais.

Três estratégias para ir além

Recomendamos que os *rebelucionários* façam três coisas radicais que vão além do que a nossa cultura espera e nos levam para mais perto das expectativas de Deus:

1. Faça aquilo que é mais difícil para você.
2. Torne-se conhecido pelo que você faz (mais do que por aquilo que não faz).
3. Persiga a excelência, não fique inventando justificativas.

Faça aquilo que é mais difícil para você

Lembra-se de Heidi, a coordenadora da campanha do condado na eleição para a Suprema Corte do Alabama? Ela se lançou em uma empreitada que, para seus padrões, era terrível: falar ao telefone, especialmente com gente que não conhecia. Para muitos adolescentes, falar ao telefone é como respirar ou comer pizza: não dá para viver sem; a gente faz sem pensar. Mas Heidi não era assim. É isso o que queremos dizer quando falamos em fazer as coisas que são difíceis *para você*. Um *rebelucionário* aproveita o tempo para identificar as áreas em que ele poderia alcançar grandes realizações, o que faz quando ultrapassa os limites, não se contentando com aquilo que é mais fácil nem se acomodando com os feitos do passado, a complacência e a desvalorização de sua condição de adolescente.

Mark foi educado em casa, mas joga basquete com o time da universidade no ginásio de um colégio da região onde mora. Ele é um dos cestinhas de sua divisão, e o basquete é a coisa mais importante de sua vida desde criancinha. Mark passa horas no ginásio quase todos os dias, sem contar os treinos oficiais, as centenas de arremessos que pratica, os exercícios físicos e o aprimoramento de suas jogadas. Se você perguntar a alguém que conhece Mark se ele faz as coisas mais difíceis, essa pessoa dirá que sim, e Mark sabe disso. Mas a verdade é que ele usa sua fama de atleta como uma desculpa para não dedicar tempo a muitas coisas que não faz com a mesma naturalidade que o esporte — por exemplo, ler livros difíceis e ajudar a família a manter a casa arrumada.

Se Mark fosse honesto consigo, ele admitiria que outras áreas importantes de sua vida têm recebido um tratamento secundário em sua lista de prioridades; pode ser até que as tenha deixado de lado totalmente. Todos nós temos a tendência de enfatizar nossos pontos fortes e, em seguida, usá-los como uma desculpa para negligenciar os pontos fracos. E é esse o jogo de Mark. Todos nós gostaríamos de ficar apenas com as áreas mais fortes da vida e dizer: “Esse sou eu, ignore o restante. É assim que eu sou”. Mas, se queremos viver como *rebelucionários*, não podemos nos dar a esse luxo.

Peguemos o exemplo de Heather, outra adolescente que conhecemos durante as campanhas no Alabama. Tudo o que ela queria era que as pessoas vissem como era capaz de assumir uma posição de liderança em uma organização nacional de juventude. Como jovem talentosa e vivendo em uma cultura que espera pouco de pessoas de sua idade, Heather poderia facilmente chamar atenção sem ter de fazer muito esforço, considerando o seu potencial. Como as pessoas se impressionavam com ela, Heather também passou a se admirar com o que era capaz de fazer. Ela nos escreveu alguns meses depois que voltamos para casa, no Oregon:

> Comecei lendo o seu blog. Uma das primeiras coisas que me chamaram a atenção foi sua ênfase em não se tornar complacente em nossa busca

pela excelência; que isso não é suficiente para impressionar uma sociedade que mantém expectativas notoriamente baixas em relação aos adolescentes; que não basta ser uma pessoa fora do comum em um mar de mediocridade.

Ao compreender isso, Heather começou a focar não coisas que pudessem impressionar os outros, mas aquelas que, de fato, fossem capazes de desafiá-la e promover seu crescimento. Para Heather, isso significava se concentrar em alcançar as pessoas e manter sua fidelidade nas pequenas coisas que nem todo mundo consegue perceber. O restante de sua carta é um belo exemplo de como fazer o que é mais difícil para nós pode nos tirar da complacência e dar início a um crescimento radical:

> Comecei a me concentrar em fazer as coisas mais difíceis, aquelas que nunca havia feito antes. Passei a focar o trabalho como mentora e maneiras de incentivar as pessoas "ao amor e às boas obras" (Hb 10:24). Mudei até a senha do meu computador no trabalho para uma variação de "pegar pesado" e, assim, me lembrar sempre de que devo começar o dia pensando em, pelo menos, um aspecto de minha zona de conforto que devo ultrapassar.
>
> Em meio a essas mudanças, também li o livro *Não jogue sua vida fora*, de John Piper.[3] Durante o dia, meus pensamentos eram mais ou menos nesta linha: "Que tipo de coisa radical e difícil posso fazer hoje que exercerá um impacto eterno em nome do evangelho?". Uma resposta que Deus me concedeu foi mostrando que eu deveria dar início a um boletim eletrônico mensal para o escritório onde trabalho. Ele incluiria anúncios, avisos de aniversários, receitas, piadas, ideias para a celebração de feriados e uma apresentação ousada do evangelho. Também tive a oportunidade de apresentar o evangelho sem restrições a dois de meus colegas de trabalho.
>
> Na igreja, tenho estabelecido contato pessoal com gente que eu jamais alcançaria de outra maneira, e, quando converso com amigos, tento direcionar o diálogo a questões mais substanciais. Em casa, procuro fazer essas coisas radicais — até mesmo as mais simples, como permanecer calma em situações nas quais, em outros tempos, ficaria

aborrecida; ou me apresentar como voluntária para realizar uma tarefa relacionada à manutenção da casa.

Se "pegar pesado" mudou a minha vida? Sim, mudou. O senhor usou a Rebelução para me dar uma *sacudida* e me tirar do estado de satisfação e complacência, dando-me uma nova visão do que quer dizer inspirar os outros a buscar a excelência em Cristo.

Torne-se conhecido pelo que você faz (mais do que por aquilo que não faz)

Lindsey está no segundo ano do Ensino Médio — o primeiro em uma escola cristã particular. Mesmo estando entre outros adolescentes cristãos na escola e na igreja, ela é a "menina boa" que aparentemente nunca faz nada errado. Ela não assiste a filmes eróticos, usa um anel no dedo que ganhou do pai aos treze anos como símbolo de seu compromisso de não ter relações sexuais antes do casamento e nunca namorou (ou "cortejou", como prefere dizer). Só o fará quando estiver pronta para se casar. Isso não a ajuda muito em termos de popularidade entre seus amigos e colegas, mas ela está mais preocupada com o que os adultos que conhece vão pensar. E eles a elogiam o tempo todo — geralmente ao mesmo tempo que lamentam todas as "bobagens" em que outros adolescentes de hoje se metem.

Ela adora quando recebe elogios por ser uma garota tão "maravilhosa", mas, quando Lindsey para e pensa, ela se dá conta de que se tornou fora do comum por causa das coisas que *não* faz. Ela não participa de festas desregradas, não causa problemas nem quer se tatuar. Mas o que ela *faz*? Será que a vida cristã se resume em evitar as "bobagens" ou tem a ver com a disposição de fazer as coisas boas e as mais radicais em nome de Deus? Bem no fundo, Lindsey sabe qual é a resposta, mas já foi elogiada por ser uma garota tão dedicada à fé. Será que isso não é o suficiente?

Bre, estudante do Ensino Médio em Indiana, sentiu na própria pele o que é ser vítima da depreciação dos adolescentes. Ao lado de outros jovens, ela participou de alguns projetos de serviço comunitário e apresentou um relatório à igreja que frequentava. Depois do culto, ela ouviu ao acaso o seguinte comentário de um homem: "Como é bom ver esses garotos longe da maconha e da bebida, não é?".

Bre nos escreveu, dizendo: "Aquilo cortou o meu coração porque há certo grau de mediocridade infiltrado não só em nossa cultura, mas também em nossas igrejas". Para ser considerado um adolescente "bom", basta não fazer bobagens, como usar drogas, beber e frequentar as baladas. Mas será que é suficiente sermos conhecidos pelas coisas ruins que não fazemos, ou também devemos nos notabilizar pelas coisas positivas e radicais que nos dispomos a fazer?

A Palavra de Deus é bem clara. O padrão de nossa cultura, baseado simplesmente no conceito de que não devemos fazer as coisas ruins, não é, na verdade, uma boa referência. Salmos 1:1 diz: "Como é feliz aquele que não segue o conselho dos ímpios, não imita a conduta dos pecadores, nem se assenta na roda dos zombadores!". Muitas pessoas, porém, parecem interromper a leitura nesse ponto, ignorando o restante da afirmação: "Ao contrário, sua satisfação está na lei do SENHOR, e nessa lei medita dia e noite" (v. 2).

Nossa cultura, ao que parece, ouve as frases que começam com "não faço", mas se esquece daquelas iniciadas com "faço". Charles Spurgeon, grande pregador do século XIX, fez o seguinte comentário:

> Talvez alguns de vocês possam reivindicar uma espécie de pureza negativa, pois não imitam a conduta dos pecadores. No entanto, permitam-me perguntar: a satisfação de vocês está na lei do Senhor? Vocês meditam na Palavra de Deus? Vocês fazem dela sua melhor companheira, amiga constante e guia permanente?[3]

Se a resposta for negativa, afirma Spurgeon, você não pode reivindicar a bênção do salmo 1.

Para vivermos segundo os padrões divinos para os jovens e recebermos as bênçãos que ele promete, devemos ir além de simplesmente evitar as coisas ruins. Isso fica claro quando analisamos o verso-base da Rebelução, 1Timóteo 4:12: "Ninguém o despreze pelo fato de você ser jovem, mas seja um exemplo para os fiéis na palavra, no procedimento, no amor, na fé e na pureza". Não devemos apenas evitar o pecado: também temos o dever de perseguir a justiça de tal maneira que as outras pessoas desejem nos imitar.

Jason, um rapaz de vinte e poucos anos da Flórida, entende bem esse princípio. Ele nos enviou uma mensagem eletrônica depois que começamos o nosso *blog* explicando que, há pouco tempo, permitiu que a complacência tomasse conta de sua vida. Jason limitava-se a fazer seu trabalho, sem se preocupar em ir além. "Não que uma vida profissional estável não seja o plano de Deus para algumas pessoas", ele escreveu, "mas eu estava me sentindo vazio e sabia que Deus tinha planos mais amplos para mim. Ele queria que eu fizesse algumas coisas radicais".

Jason percebeu que, embora não estivesse seguindo um caminho errado, também não estava exatamente na trilha certa. Ele nos contou que agora está planejando mudar a orientação de sua vida e começar a estudar Direito. Seu objetivo é trabalhar com advogado em grupos que combatem o aborto. Para Jason, fazer as coisas radicais significava perseguir desafios que pudessem promover o seu crescimento pessoal. Isso queria dizer ir além daquilo que as pessoas esperavam dele para se tornar mais eficaz no serviço a Deus. Ele não se contentava em sobreviver; queria ver o fruto de seu trabalho prosperar.

Persiga a excelência, não fique inventando justificativas

Mary está no primeiro ano do Ensino Médio. Como cristã forte que é, ela destrói a ideia de que os cristãos são burros e nada populares pelo fato de ser monitora de sua classe e uma das líderes da torcida do colégio em que estuda. Seus pais, seus professores e o pastor da juventude de sua igreja vislumbram um grande futuro para ela, e a própria Mary faz grandes planos para si. No entanto, como as coisas chegam com muita facilidade em sua vida, ela se acomodou ao *status* de adolescente "fora do comum". Mary não precisa dizer a si mesma que é uma pessoa formidável porque outras pessoas fazem isso o tempo todo, mesmo quando ela não faz nada particularmente difícil ou radical. Ela se mantém acima da média sem fazer esforço algum nesse sentido, por isso não vê razão para ir além de seus limites.

Mary se tornou vítima da maldição imposta pelas expectativas reduzidas sobre as pessoas talentosas. Ela não faz mais do que aquilo que chega a ela com facilidade porque essas coisas são suficientes para impressionar os outros. Em sua mente, ela já chegou ao ponto máximo, ainda que nunca tenha explorado a plena extensão de seu potencial.

Pouco depois de iniciarmos o *blog* Rebelução, recebemos a carta a seguir, que aborda a complacência que envolveu a vida de Mary e, em seguida, mostra a saída para essa situação:

> O verdadeiro perigo para os planos da *rebelução* dos jovens é que esses elogios do tipo "fulano está acima da média" podem acabar se tornando o novo padrão de mediocridade.
>
> Infelizmente, costumamos receber elogios por coisas que não são particularmente difíceis de realizar. Se nos concentrarmos no apoio e no incentivo das pessoas que não esperam muito de nós, tornamo-nos medíocres.
>
> Ter a excelência como alvo pode se tornar um grande desafio, principalmente quando alguém nos diz que chegamos lá. Uma das maiores lições da vida, e que todos precisamos aprender, pode ser sintetizada na seguinte frase: "Isso não foi nada, preste atenção no que vou fazer agora". Desafie-se (e desafie os outros) a considerar "normal" aquilo que for realmente normal, restringindo o uso do termo "excelente" às coisas que são, de fato, fruto da excelência.

Depois que recebemos essa carta, chegaram muitas outras de adolescentes reclamando porque recebem prêmios e homenagens sem sentido na escola, como a Celebração da Excelência em Liderança. Tudo o que eles fizeram foi entregar a lição de casa e prestar atenção às aulas enquanto os outros alunos faziam bagunça. "É triste constatar quão pouco tive de fazer para conquistar esse prêmio", escreveu uma garota.

Assim como Mary, podemos nos envolver tanto nessa fixação por ser a pessoa mais consagrada do grupo de jovens da igreja ou pela conquista do prêmio Celebração da Excelência em Liderança que acabamos perdendo de vista os padrões divinos. Não conseguimos desenvolver o nosso verdadeiro potencial porque nos concentramos apenas em ser melhores do que o segundo lugar.

Os estudantes que nos escreveram reconheciam essa realidade e não estavam dispostos a comprometer seu futuro, por isso tratavam de ultrapassar os padrões de mediocridade. Eles entenderam que o padrão divino não consiste em que sejamos as pessoas mais consagradas de um grupo de jovens repleto de cristãos nominais, mas em que sejamos "santos" porque ele é santo (1Pe 1:16). O padrão de Deus não exige que sejamos os melhores alunos da turma, mas um "servo de todos" (Mc 9:35).

Deus estabeleceu padrões tão elevados para que não cometêssemos o erro de nos contentar com objetivos medíocres. Além disso, não temos desculpa para deixar de nos desenvolver e crescer.

A complacência pode ser identificada em nossa vida quando fazemos a nós mesmos as perguntas a seguir e as respondemos com honestidade:

- Em que áreas de minha vida fiquei aquém dos padrões de Deus e de meu potencial?
- Quais são as áreas de minha vida que não estão recebendo a devida atenção de minha parte?
- Em que áreas me acomodei, mesmo sabendo que poderia ter ido além se eu me esforçasse?
- Em que áreas assumi uma atitude do tipo "isso nunca vai mudar" sem empreender aquele tipo de esforço que seria realmente capaz de mudar a situação?

Essas perguntas são difíceis porque ninguém mais pode respondê-las em seu lugar. Só você sabe quão melhor poderia ser se tentasse de verdade, e, se nunca tentou mesmo, então é possível que nem saiba.

Wenslyn Reyes é um exemplo. Desde pequena ela se envolveu no ministério da igreja anglo-chinesa que frequenta nas Filipinas. Agora, aos dezoito anos, Wenslyn é a mais jovem pianista do grupo de adoração musical, a mais jovem tradutora de sermões e a mais jovem líder do grupo de estudos da igreja. Todo mundo a considera uma espécie de prodígio, e ela é constantemente elogiada.

"Talvez eu não seja a melhor tradutora ou pianista que eu poderia ser", Wenslyn nos escreve, "mas eu sou *tão boa para minha idade* — como todo mundo gosta de dizer — que me sinto inclinada a me contentar com meu *status* de menina-prodígio".

A mensagem contida no desafio de "pegar pesado" desafiou Wenslyn a se tornar melhor administradora de seus talentos, explorando seu potencial pleno. Ela agora entende que Deus lhe permitiu começar cedo no ministério para que ela pudesse ir além e buscar a excelência a longo prazo. Em vez de se acomodar com o objetivo de ser "muito boa para sua idade", ela se comprometeu com um processo de desenvolvimento pessoal que pode levá-la a alcançar seu melhor potencial, para o qual Deus a capacitou.

"*Pegar pesado* significa lutar para alcançar níveis mais elevados de excelência porque há sempre alguma coisa mais radical e desafiadora a se fazer", ela escreve. "A questão nunca é saber aonde se quer chegar; trata-se de uma batalha constante pelo crescimento pessoal."

A complacência é inútil quando confrontada com esse tipo de mentalidade porque ela depende de nossa falta de estímulo, de nossa acomodação e de algum tipo de satisfação com aquilo que já alcançamos. O objetivo de Wenslyn é crescer, e não apenas impressionar os outros.

Um compromisso com o crescimento acaba com a complacência.

Para receber mais uma dose de inspiração, volte conosco no tempo, 150 anos atrás, e acompanhe a história de um jovem que, a princípio, não via nada diante de si além de mediocridade e limitações. Foi quando ele decidiu (assim como Sarah, Heather, Jason e

Wenslyn) repensar seu conceito de "suficientemente bom" e buscar algo mais para a sua vida.

Os Estados Unidos até hoje se beneficiam do que aconteceu.

Da timidez à celebridade

Quando adolescente, Theodore Roosevelt[4] não era o tipo de figura que impressionava. Ninguém poderia dizer que se tornaria um dos maiores presidentes dos Estados Unidos. Desde criança, um problema grave de asma obscurecia tudo quanto ele fazia. Roosevelt era considerado delicado demais para ir à escola e fraco demais para se impor diante de outros meninos. Seguindo ordens médicas, seus pais o levaram às pressas a cidades no litoral e nas montanhas na esperança de que a mudança de ares pudesse ajudá-lo a respirar melhor. Parecia pouco provável que aquele menino doente fosse capaz de sobreviver à infância, e menos ainda que conseguisse realizar alguma coisa na vida.

Todo mundo sabe, é claro, que Theodore *Teddy* Roosevelt fez muito mais do que simplesmente sobreviver. De uma maneira comparável a poucos homens, ele alcançou o sucesso. Diante de seus compatriotas, ele seguiu sua trilha até alcançar a estatura de figuras célebres da história norte-americana como George Washington, Thomas Jefferson e Abraham Lincoln. Seu rosto foi imortalizado ao lado desses três em uma das faces do monte Rushmore.

Mais do que qualquer um de seus contemporâneos, Roosevelt liderou os Estados Unidos em sua entrada no século XX. Foi caubói da fronteira, comissário de polícia na cidade de Nova York, herói na guerra entre a Espanha e os Estados Unidos e governador do Estado de Nova York. Ele foi o primeiro presidente a viajar em um avião e em um submarino, o primeiro a ter um telefone em casa, o primeiro a ter um carro. Roosevelt também foi o primeiro presidente a lutar pela preservação da natureza, criando leis para proteção do meio ambiente. Foi ainda o primeiro presidente dos Estados Unidos a deixar o território do país durante o mandato, e, em 1906, tornou-se o primeiro norte-americano a receber o prêmio Nobel da Paz pelo esforço empreendido nas negociações durante a guerra entre a Rússia e o Japão.

Como foi possível a um garoto tão míope e asmático, cuja expectativa de vida não passava dos 21 anos, seguir em frente para viver uma vida de realizações tão extraordinárias? A resposta mais resumida é que, quando adolescente, Roosevelt optou por ir além do que lhe era mais fácil e decidiu alcançar o que parecia impossível.

Pouco antes do vigésimo aniversário de Roosevelt, seu pai o chamou para conversar e o desafiou a se dedicar à "dura lida" de fortalecer o próprio corpo. Convencido e determinado, o jovem Roosevelt se entregou a esse objetivo, dedicando horas por dia a exercícios como levantar pesos, fazer flexões e socar sacos de pancada. Suas irmãs escreveriam mais tarde que uma das lembranças mais vívidas de sua infância era a visão do irmão fazendo flexões nas barras horizontais, "fortalecendo o peito em movimentos regulares e monótonos — de fato, uma lida".

Aquele era o início de um processo de transformação (mais do que apenas física) que moldaria o restante de sua vida. Décadas depois, com a convicção que nasceu na "dura lida" dos anos da adolescência, Roosevelt diria que a forma mais elevada de sucesso só acontece na vida do homem que "não se acovarda diante do perigo, da dificuldade ou do trabalho duro".

Theodore Roosevelt aprendeu a mais importante lição de sua vida quando ainda era adolescente. Foi uma lição que tornou possível tudo o que ele fez a partir daquele ponto: "pegue pesado". Veja o que ele disse sobre o que considerava uma "vida vigorosa":

> Eu gostaria de pregar não a doutrina da facilidade ignóbil, mas a doutrina da vida vigorosa, a vida de esforço, de trabalho e de luta; pregar a mais elevada forma de sucesso, que não acontece na vida do homem que deseja viver livre de problemas, mas na vida daquele que não se acovarda diante do perigo, da dificuldade ou do

> trabalho duro, e que a partir disso obtém o triunfo mais esplêndido e definitivo.

É claro que, hoje em dia, não falamos da mesma maneira rebuscada que Roosevelt falava. Mas o que aconteceria se adotássemos os mesmos valores que ele adotou — ir além daquilo que nos chega com facilidade? E o que aconteceria se uma nova geração de adolescentes vivesse dessa maneira? Comece já.

CAPÍTULO 7

O PODER DA COLABORAÇÃO

Como fazer as coisas radicais que são grandes demais para fazer sem ajuda

Até onde Katrina Martin consegue se lembrar, ela se interessa por tudo o que tenha relação com vestuário. Hoje ela tem dezesseis anos, mas aos quatro já assistia a filmes antigos com roteiros muito além de sua capacidade de compreensão só porque gostava de ver os belos trajes dos personagens. Ela deseja trabalhar como estilista no futuro. Mas aí é que está o detalhe: ela quer entrar em uma confecção que valorize a decência.

Seu fascínio com aquilo que descreve como a "virtude esquecida" da decência surgiu de seu amor pela moda — e de muitas conversas com a mãe à noite, à medida que ela entrava nos anos da adolescência. "Meu desejo de me vestir bem se expandiu, transformando-se em um desejo de agradar a Deus pela maneira como me visto", ela nos disse. "E foi assim que começou minha jornada no sentido de imaginar o que seria a decência. Em minhas leituras, sempre encontrei razões muito boas para me vestir de maneira decente. Mas tudo o que li parecia deixar de lado um detalhe importante: o significado da palavra 'decente'."

Ela sabia que a decência era uma questão do coração, mas também que se tratava de um assunto relacionado ao vestuário. Ela se viu confusa com a falta de recursos, e ficou especialmente frustrada ao constatar que nada do que encontrava oferecia noções de decência sob o ponto de vista dos rapazes cristãos. Os amigos cristãos com os quais se comunicava pela internet a orientaram a perguntar ao pai e aos irmãos, mas para ela essa não era uma alternativa possível.

Seu único irmão era uma criança e o pai, que não era cristão, não entendia suas preocupações.

Katrina tinha certeza de que outras garotas tinham muitas perguntas iguais às dela, mas não sabia onde encontrar as respostas. Ela acreditava que, um dia, encontraria alguns rapazes cristãos comprometidos com a fé que lhe permitiriam fazer perguntas sobre o conceito de decência e lhe dariam respostas que ela poderia compartilhar com outras garotas. Mas como, quando e onde? Será que deveria simplesmente permanecer na entrada da igreja com uma prancheta na mão?

Em seu coração, Katrina sentia que estava diante de questões muito importantes. "Como os rapazes cristãos se sentem a respeito da maneira pela qual as garotas se vestem? O que eles entendem por decência?" Ela achava que, se conseguisse obter respostas consistentes, poderia ajudar milhares de adolescentes. Mas não sabia como ou de onde deveria começar.

O desafio que se propunha a enfrentar era simplesmente grande demais para uma garota. Qualquer pessoa que já passou pela experiência de achar que tinha uma ideia aparentemente grande demais para ela ou se viu diante de um projeto que não sabia sequer como iniciar provavelmente sabe como Katrina se sentia. Algumas coisas radicais são grandes demais para serem realizadas individualmente. Chamamos essas coisas de "desafios mais radicais", e a maneira de reagir corretamente a esses desafios é o assunto que domina este capítulo.

Os desafios mais radicais variam da jornada de Karina até coisas como a produção de um evento em sua igreja ou seu colégio, produzir um filme, oferecer ajuda aos sem-teto de sua comunidade, organizar uma campanha em sua comunidade para tirar do ar um programa de televisão cheio de baixarias ou fundar uma banda. Desafios radicais também podem incluir causas *realmente* grandes — lutar pelo fim do trabalho escravo, do aborto, da pobreza e da disseminação da aids. Faremos uma análise mais aprofundada de desafios dessa natureza no capítulo 10.

Infelizmente, mais do que qualquer outra coisa que tenhamos abordado neste livro, a nossa reação aos desafios mais radicais costuma ser desistir antes de tentar. "É grande demais para mim e ponto-final", dizemos a nós mesmos.

Precisamos mudar nossa maneira de pensar a respeito dos grandes projetos e das grandes ideias. Em vez de nos concentrarmos em nossas limitações individuais, que tal dar um passo para trás, olhar em volta e perguntar: "Quem poderia se sentir motivado a cuidar disso *comigo*?". A resposta a essa pergunta, como você verá neste capítulo, viabiliza um leque de novas alternativas para os *rebelucionários*. A resposta é colaboração, um dos três pilares da Rebelução.

Reparou no prefixo "co" e no radical "labor" presentes nessa palavra? Eles nos fornecem um retrato do que significa "colaboração": literalmente, "trabalhar juntos".

A força em números

A sabedoria popular norte-americana tenta nos convencer de que o destino do país foi conquistado apenas por pessoas brutas que se impuseram, agiram sozinhas, raramente conversavam e bebiam uísque puro. Somos ensinados a admirar o rebelde, o solitário, o independente. Mas os fatos indicam que os maiores feitos das nações — das empresas, da forças armadas, das universidades, das equipes esportivas e das famílias — dependem, e muito, de as pessoas se unirem com o objetivo de colaborar umas com as outras a respeito de um objetivo comum e, em seguida, trabalhar juntas para que isso aconteça.

Quem deve ser nosso colaborador, naturalmente, é uma questão importante. Ao longo da Bíblia, somos orientados a nos certificar de que estamos fazendo as coisas certas *com as pessoas certas*. Por exemplo, em 2Timóteo 2:22, Paulo nos instrui a fugir "dos desejos malignos da juventude e [...] [seguir] a justiça, a fé, o amor e a paz, *com aqueles* que, de coração puro, invocam o Senhor" (grifos do autor).

Adoramos esse versículo porque traduz a noção *rebelucionária* da colaboração: rebelar-se contra a desvalorização dos adolescentes ("fuja dos desejos malignos da juventude"), fazer as coisas radicais e difíceis ("siga", isto é, persiga) e trabalhar em equipe ("com aqueles que, de coração puro, invocam o Senhor").

Um estudo a respeito dos cavalos revelou que um deles era capaz de puxar uma média superior a uma tonelada. O teste se repetiu com dois cavalos. Em tese, o peso da carga deveria dobrar para mais de duas toneladas. Mas não foi isso o que aconteceu. Os dois cavalos trabalhando juntos puxaram mais de 5,5 toneladas! É cinco vezes a carga que um só cavalo poderia puxar sozinho.

Será que esses números seriam os mesmos se, em vez de cavalos, os pesquisadores tivessem usado Fuscas ou *scooters* Vespa? Temos nossas dúvidas. Há algo dentro de um ser vivente que surge para realizar coisas exponencialmente maiores quando se trabalha em equipe.

Deus criou todos nós (e não apenas os cavalos) para sermos mais eficientes quando trabalhamos ao lado de outras pessoas. Na verdade, a Bíblia alerta a respeito do perigo de nos isolarmos. Hebreus 10:24-25 afirma: "E consideremos uns aos outros para nos incentivarmos ao amor e às boas obras. Não deixemos de reunir-nos como igreja, segundo o costume de alguns, mas procuremos encorajar-nos uns aos outros..." O texto de Provérbios 18:1 é ainda mais direto: "Quem se isola busca interesses egoístas e se rebela contra a sensatez".

As pessoas que tentam fazer tudo sozinhas também perdem os benefícios relacionais do trabalho em equipe. Eclesiastes 4:9-12 diz:

> É melhor ter companhia do que estar sozinho, porque maior é a recompensa do trabalho de duas pessoas. Se um cair, o amigo pode ajudá-lo a levantar-se. Mas pobre do homem que cai e não tem quem o ajude a levantar-se! E se dois dormirem juntos, vão manter-se aquecidos. Como, porém, manter-se aquecido sozinho? Um homem sozinho pode ser vencido, mas dois conseguem defender-se. Um cordão de três dobras não se rompe com facilidade.

Quando tinha dezessete anos, Jeremy Blaschke e um grupo de amigos que estudavam com ele decidiram juntar dinheiro para comprar uma máquina de ultrassom para uma maternidade. Ao recordar o episódio, ele diz que não sabia de fato em que estava se envolvendo.

"Eu nunca gastara tanto dinheiro por alguma coisa antes", ele nos contou, referindo-se ao preço da máquina de ultrassom: 25 mil dólares. "Eu não tinha nenhuma noção de quanto o aparelho realmente custava e o que significava assumir o compromisso de levantar toda aquela quantia."

Depois de uma grande campanha de arrecadação de recursos em um bazar da região e outra na igreja de Jeremy, eles haviam levantado 3,2 mil dólares. Todos se sentiram estimulados. "Na época, achei que seria fácil alcançar o valor total e que em poucos meses compraríamos o aparelho", disse Jeremy.

Em vez disso, a coisa foi ficando ainda mais complicada. Os meses foram se sucedendo. Contudo, continuaram trabalhando juntos, e, exatamente um ano depois de começar, o grupo de Jeremy alcançou seu objetivo... e ultrapassou. Os 32 mil dólares que arrecadaram foram suficientes não apenas para comprar a máquina de ultrassom, como também para pagar o curso necessário para operá-la. Até hoje, Jeremy fala a respeito daquele episódio mencionando sua irmã, Diana, e dois de seus melhores amigos.

"Em hipótese alguma eu conseguiria fazer tudo aquilo sozinho. Eu teria me sentido frustrado e chateado, ou simplesmente perderia o entusiasmo. Eles me deram o apoio e o incentivo para seguir em frente", contou Jeremy.

Essa história é um grande exemplo de como é muito vantajoso trabalhar com outras pessoas que compartilham nossa determinação de realizar coisas radicais para a glória de Deus.

Para uma análise mais aprofundada de como funciona a colaboração entre adolescentes — e alguns de seus desafios singulares —, vamos voltar a abordar uma de nossas histórias de colaboração favoritas: como Katrina chegou à resposta que desejava em relação à questão da decência no modo de vestir.

"Posso fazer algumas perguntas?"

Em setembro de 2006, Katrina se deparou com o site Rebelução e se juntou ao fórum. Logo se envolveu em uma discussão a respeito da questão da decência na seção "Só para garotas", e foi ali que ela teve uma ideia. Com centenas de adolescentes cristãos compartilhando a mesma mentalidade em um só *website*, o que aconteceria se eles iniciassem uma discussão a respeito do tema?

Quando recebemos sua primeira mensagem, tudo o que sabíamos é que uma garota de quinze anos de Massachusetts queria a opinião de garotos cristãos sobre a decência. Ela escreveu: "Acho que as garotas se veem de uma maneira diferente de como os garotos olham para elas. Vocês acham que eu poderia fazer algumas perguntas para os rapazes a respeito do que consideram decente e indecente?".

Respondemos dizendo que parecia *viável*, desde que as perguntas e as respostas fossem postadas de modo anônimo e fossem usados os fóruns privados dos rapazes e das garotas. Alguns dias depois, recebemos um pedido quase idêntico de outra garota. Quando mencionamos a ideia a outros meninos e meninas, percebemos reações de grande entusiasmo.

Resolvemos desenvolver a ideia. Katrina abriu uma linha na seção destinada apenas às garotas do fórum e convidou as leitoras a submeter as perguntas que tinham aos rapazes. Em uma semana, tínhamos mais de 350 perguntas de centenas de garotas cristãs adolescentes de vários países. Elas queriam saber como os rapazes se sentiam em relação a tudo — de batons a maiôs e mangas transparentes. Além disso, havia perguntas que permitiam respostas mais amplas, como: "Sendo um rapaz, qual é a sua responsabilidade nessa área?".

Além do fórum, Katrina recebia dúzias de mensagens eletrônicas diárias. "A caixa de entrada de meu computador ficou lotada", ela disse. "Eu fiquei muito surpresa pelo fato de *tantas* outras garotas se interessarem pelas mesmas coisas."

Percebemos que estávamos envolvidos em algo muito importante. Era evidente que não se tratava mais de uma questão implicando apenas a curiosidade de Katrina. Garotas cristãs de todo o mundo queriam entender melhor como a maneira de elas se vestirem influenciava os rapazes. Outras queriam honrar a Deus com seu jeito de se vestir, mas não tinham muita certeza de como deveriam começar. Uma coisa estava clara: elas tinham muitas perguntas.

Depois de orar a respeito desse assunto e conversar com nossos pais, resolvemos realizar uma pesquisa *online* sobre o tema "decência". Mas como? O desafio de elaborar perguntas para os rapazes responderem já era, por si, assustador. Precisaríamos de um sistema seguro que pudesse coletar e rastrear as respostas. Mas nenhum de nós sabia como fazer isso, e não tínhamos dinheiro para contratar ajuda profissional.

É nesse momento que entra em cena David Boskovic, o *rebelucionário* canadense especializado em tecnologia que havia nos ajudado a lançar o *website* completo alguns meses antes. Entre as lições de casa, a ordenha das vacas e o trabalho em um negócio de família que tocava com o irmão mais velho, David ofereceu-se como voluntário para desenvolver um sistema de pesquisa *esperto* e extremamente profissional. Era tão bom que um especialista em pesquisas de Nova York entrou em contato conosco para perguntar que empresa o havia desenvolvido para nós. Imagine a surpresa dele quando contamos que foi um rapaz de dezoito anos que elaborou o projeto a partir do zero em menos de um mês...

O sistema rastrearia as respostas de cada participante e permitiria a ele retornar tantas vezes quantas quisesse à pesquisa para completá-la. Cada pergunta era proposta na forma de declaração (por exemplo: "Biquínis são indecentes"), com a qual os rapazes podiam concordar ou não em uma escala de 1 a 5. Todas as perguntas incluíam uma caixa de texto para que os garotos pudessem justificar suas respostas. Muitas perguntas também ofereciam *links* a janelas do tipo *pop-up* com fotos ilustrativas e definições. Tudo aquilo foi compilado por nossa irmã de quinze anos, Sarah, e uma equipe de garotas do fórum. Sejamos sinceros: quantos rapazes adolescentes sabem o que são bombachas ou boleros (peças de vestuário)?

Em 8 de janeiro de 2007, abrimos a pesquisa de 148 perguntas. Esperávamos que, pelo menos, uma centena de rapazes respondesse. No melhor dos cenários, mil deles, embora não contássemos muito com isso.

Mas não tínhamos a menor ideia do que aconteceria. No primeiro dia, recebemos respostas de 120 rapazes, e em três semanas o total de pessoas que responderam a pesquisa chegou a 1,7 mil rapazes cristãos de 48 Estados norte-americanos e 26 países. Juntos, eles enviaram 160 mil respostas, incluindo mais de 25 mil textos com justificativas às opções marcadas na pesquisa.

A tarefa seguinte seria processar os dados. Queríamos divulgar os resultados no Dia dos Namorados, como se fosse um presente para todas as moças cristãs que procuram se vestir de maneira decente. Se quiséssemos preparar tudo a tempo, só teríamos duas semanas e meia para mergulhar em 3.290 páginas de informações. Felizmente, o incrível programa criado por David nos permitia processar automaticamente nossas descobertas. Isso nos tornou possível concentrar nas respostas textuais, selecionando entre vinte e cinquenta melhores respostas para cada pergunta.

Durante duas semanas, a sala de nossa casa ficou repleta de pilhas com o resultado da pesquisa. Em todo canto havia canetas, marcadores e clipes de papel. Depois de muitas noites em claro (incluindo algumas jornadas de 36 horas), divulgamos os resultados. Naquele momento, 130 adolescentes se apresentaram como voluntários para falar a respeito da pesquisa em seus *blogs*, disparar mensagens eletrônicas ou enviar fichas para suas escolas e igrejas.

Depois disso, ficamos aguardando.

Os primeiros sinais *não foram* muito encorajadores. Cerca de uma hora depois de divulgar os resultados, começamos a receber relatórios indicando que o *website* estava funcionando muito devagar. "Isso é estranho", pensamos. "Estamos usando um servidor bem veloz. O que está acontecendo?" Aqui está a história, segundo a perspectiva de Katrina:

> Naquela manhã, quando entrei no computador para encontrar o *link* dos resultados, o *website* levou mais ou menos cinco minutos para carregar. Achei aquilo muito estranho, e, quando finalmente carregou, as pessoas diziam que a pesquisa estava tornando o acesso lento. Em meu desconhecimento completo da internet, pensei que talvez umas duzentas pessoas estivessem conectadas no *website*.
>
> Mais tarde, quando eu estava conversando no computador com uma amiga, ela mencionou algo sobre dez mil pessoas consultando o *site* só na primeira hora. Era tanta gente que o servidor, de fato, não aguentou.
>
> Eu nem conseguia acreditar! Fiquei tão empolgada que comecei a saltar pela casa, gritando: "Dez mil pessoas só na primeira hora!", mesmo estando com dor de garganta e febre. Minha irmã disse que estava pensando em dar uma pancada em minha cabeça com uma forma de cozinha para que eu parasse de berrar!

Só bem mais tarde recebemos o relatório completo de David: mesmo com o servidor congestionado por mais de uma hora, a pesquisa recebeu 420 mil *hits* nas primeiras doze horas no ar.

Que experiência extraordinária! Nossa equipe recebeu centenas de comentários e mensagens eletrônicas expressando gratidão pela pesquisa. Uma das respostas mais frequentes vinha de garotas que ficaram impressionadas ao ver que muitos rapazes realmente apreciavam o esforço que elas faziam para se vestir com decência, e se importavam tanto com isso a ponto de responder a pesquisa. Nossa resposta favorita, porém, foi a da própria Katrina, refletindo sobre os resultados de seu questionamento sincero e de sua ideia tão simples.

> Fiquei impressionada ao ver a pesquisa crescer tanto. Começou com minha pequena ideia e cresceu até se tornar um projeto com milhares de pessoas.
>
> A pesquisa não tem um caráter legalista e não estabelece "regras", mas as respostas permitem que as garotas tenham um vislumbre do

que se passa na mente dos rapazes. Eu não poderia ter feito nada igual por conta própria, de jeito nenhum.

Eu sempre quis fazer alguma coisa relevante, que produzisse algum impacto. De certa forma, eu desejava encorajar jovens cristãs a se vestir de maneira mais recatada, mas nunca sonhei que teria mesmo uma oportunidade de exercer uma influência tão grande.

Foi a primeira vez que um sonho meu virou realidade.

A satisfação proporcionada por saber que as coisas que realizamos juntos superam qualquer coisa que pudéssemos ter feito sozinhos é algo que nunca vimos antes. Constatamos essa verdade se manifestando de maneira maravilhosa com a pesquisa sobre decência, com as eleições para a Suprema Corte do Alabama e em nossas conferências sobre a Rebelução.

Queremos passar adiante algumas coisas que aprendemos a respeito de colaboração que podem ajudar você quando estiver diante de uma tarefa importante que é grande demais para ser realizada individualmente.

Dez coisas que aprendemos sobre o trabalho em equipe

Se você entrar em uma livraria, encontrará áreas inteiras de prateleiras dedicadas quase inteiramente ao tema "colaboração". Trata-se da seção de livros sobre negócios. Recomendamos a você que passe algum tempo nessa parte da livraria. Obviamente, não podemos competir com autores que são muito mais sábios e experientes em um tema tão complexo quanto esse.

Além disso, não precisamos reescrever o que eles já colocaram no papel. Simplesmente oferecemos uma visão adolescente de como começar, como evitar várias armadilhas muito comuns e, por fim, como se valer do poder da colaboração para realizar os desafios mais radicais em nome de Deus.

Comece com perguntas

A primeira coisas que você precisa é se fazer algumas perguntas fundamentais:

- O que Deus está me dizendo a respeito dessa ideia?
- Em qual conselho dos meus pais e de outras pessoas devo confiar?
- Sou eu quem lidero? Se não sou, posso ser um catalisador, ajudando a fazer as coisas funcionar?
- Quais são meus pontos fortes e minhas fraquezas?
- Quais as pessoas que conheço capazes de ajudar a tapar as brechas onde minha capacidade ou o meu conhecimento não são suficientes?
- Será que me importo tanto com a questão a ponto de não apenas *começar* alguma coisa grande, como também ajudar a fazê-la funcionar, não importam os custos pessoais?

Como você viu na história de Katrina, Deus *oferece* orientação e ajuda àqueles que o buscam. Pode ser que você encontre todos os sinais abertos no caminho, ou então se depare com muitas luzes amarelas ou vermelhas. Certifique-se de perguntar a Deus (e ouvi-lo) antes de se projetar.

Caminhe com os sábios

Desde o início, olhe para aqueles que são mais experientes e sábios para receber orientação confiável. Um de nossos versículos favoritos sobre colaboração está em Provérbios 13:20: "Aquele que anda com os sábios será cada vez mais sábio, mas o companheiro dos tolos acabará mal". Esse versículo nos lembra que os amigos podem ser uma bênção (caso se trate de pessoas sábias) ou uma maldição (se forem tolos). O texto também diz que nos tornamos iguais aos nossos amigos. Você já deve ter ouvido o velho ditado: "A pessoa é o que ela come". Talvez seja mais adequado afirmar: "A pessoa é um espelho de suas companhias". Se desejamos ser sábios, maduros e consagrados a Deus, temos de estabelecer amizade com pessoas que possuam essas virtudes.

Caminhar na companhia dos sábios geralmente significa passar mais tempo com pessoas mais velhas, mais experientes e mais consagradas do que nós. Essa é uma das razões pelas quais consideramos tão importante estar ligados a uma igreja local, fonte número 1 para quem deseja encontrar sabedoria e a companhia de pessoas consagradas.

Caminhar com os sábios é especialmente significativo em termos de colaboração. Provérbios 20:29 diz que a glória (beleza) da juventude está em sua força, e que "a glória dos idosos [está] nos seus cabelos brancos". Na antiga Israel, os cabelos grisalhos ou brancos simbolizavam dignidade, honra, experiência e sabedoria. Os adolescentes possuem muita energia, mas nem sempre sabem o que fazer com ela. As pessoas mais velhas costumam ter uma sensibilidade mais apurada, mas nem sempre dispõem do tempo ou da energia necessários para colocar as coisas em prática. A beleza da colaboração entre essas duas gerações é que permite a combinação de força e sabedoria, uma maneira garantida de realizar mais para a glória de Deus.

Não subestime a vantagem de poder contar com a família

A família é um veículo de colaboração designado por Deus que muitos adolescentes desprezam, embora estejamos bem no meio dela. O objetivo de Deus é que os pais sejam os principais mentores dos adolescentes, e, a não ser que você seja filho único, seus irmãos podem ser seus melhores ajudantes.

Volte um pouco e releia as histórias que registramos neste capítulo: a maior apoiadora e mentora de Katrina sempre foi sua mãe; a principal assistente de Jeremy foi sua irmã, Diana. Vimos isso acontecer repetidas vezes em nossa própria vida e nas histórias de inúmeros adolescentes.

As conferências do movimento Rebelução são organizadas por adolescentes para outros adolescentes. Os coordenadores regionais dos eventos de Denver e Dallas, em 2007 — Joanna Griffith e Marshall Sherman —, tinham dezessete e dezesseis anos, respectivamente, quando começaram a trabalhar reservando as instalações e montando as equipes locais. Contamos com encarregados de publicidade de treze anos que divulgavam os eventos em suas escolas, em jornais locais e em grupos de jovens. O gerente de nossas instalações em Denver, Robert Anderson (encarregado da organização e da logística do evento), tinha catorze anos.

Embora os adolescentes possuam os cargos e as responsabilidades, trata-se de uma empreitada que envolve toda a família. Os pais de Joanna assumiram inúmeras tarefas e cuidaram dos quiosques de venda de livros e da recepção. A irmã dela, Susanna, ficou responsável pelo fornecimento de lanches e petiscos durante o evento, que reuniu mais de quinhentas pessoas. Os outros irmãos de Susanna ajudaram fazendo outras tarefas, carregando caixas, preparando crachás e muitas outras coisas.

Em nossa família, não apenas nosso pai é um dos principais oradores nas conferências como também nosso irmão mais velho, Joel, lidera a adoração musical. Quando se trata de organização, agendas, suprimentos e contabilidade (e todas as outras coisas no meio disso tudo), nossa mãe é uma autêntica faixa preta de terceiro grau. Nossa irmã, Sarah, ajuda coordenando os voluntários, fazendo telefonemas, enviando mensagens eletrônicas, dobrando e guardando centenas de camisetas com a mensagem "Pegue pesado", preparando crachás e fazendo o papel de braço direito de nossa mãe.

Nosso irmão de treze anos, Isaac, é o chamado "pau-para-toda-obra". Antes dos eventos começarem, ele é o encarregado de colocar no correio o material de divulgação, o que inclui preparar, endereçar e enviar centenas de envelopes a famílias espalhadas por todo o território dos Estados Unidos. Até mesmo o nosso irmão de sete anos, James, faz parte da equipe. Na conferência em Indianápolis, em 2007, ele passou horas com voluntários mais velhos alinhando mais de duas mil cadeiras dobráveis.

Aliás, quando permitimos que garotos mais jovens trabalhem conosco, fazemos por eles o que pedimos a nossos mentores mais velhos. Guardadas as devidas proporções, quando eles caminham ao nosso lado, estão caminhando com os sábios. Eles são orientados em como e por que fazer as coisas radicais e nós contamos com uma ajuda vigorosa e entusiasmada. Todos ganham com isso.

Compreendemos que nem todo mundo dispõe de uma família como a nossa, e estaríamos exagerando se tentássemos convencer os outros de que temos uma família perfeita. Mas esperamos que você assimile esse conceito de colaboração com a família — se não for com a família que você tem em casa, pelo menos com outras famílias em sua comunidade e com a família que, um dia, você formará.

Use a tecnologia para desenvolver a sua equipe

Um dos maiores benefícios da tecnologia moderna é que ela nos permite manter contato com pessoas que têm uma mentalidade igual à nossa onde quer que elas estejam. Muitos de nossos melhores amigos são pessoas que conhecemos inicialmente pela internet, e ainda assim tivemos a oportunidade de trabalhar juntos em alguns projetos muito empolgantes.

A pesquisa sobre decência no modo de vestir constitui um belo exemplo. As campanhas eleitorais no Alabama também. Para o projeto gráfico do *website* de um candidato, usamos uma empresa que é um empreendimento conjunto de Jake Smith e outro *rebelucionário*, Alex King. Alex mora no Maine e Jake, em Oklahoma. Eles nunca se viram pessoalmente, mas ofereceram um serviço de primeira qualidade.

Esses mesmos caras, ao lado de muitos outros amigos virtuais, também organizaram uma revista *online*, *podcasts* e uma rede de *blogs* para adolescentes cristãos chamada Restauração Cultural. Ela funcionou por quase dois anos e reuniu escritores adolescentes, editores e locutores de rádio de vários países. Poucos deles chegaram a se conhecer pessoalmente.

Na verdade, uma das reações mais comuns que registramos desde que lançamos o *site* Rebelução veio de pessoas que se consideravam solitárias em suas convicções a respeito da adolescência. Elas diziam se sentir gratas e aliviadas por finalmente encontrar uma comunidade de adolescentes que compartilhavam seus sentimentos. E tudo *online*.

A preciosa crítica construtiva

Desde o início do desenvolvimento da pesquisa sobre decência, pedimos e recebemos aconselhamento de familiares e amigos. Trata-se de um assunto muito sensível, e sabíamos que precisávamos de ajuda na elaboração das perguntas. Também tínhamos a noção de que os resultados poderiam facilmente se transformar em uma lista de regras ou no esforço de um grupo de rapazes tentando ensinar as moças a se vestir. Não queríamos isso. Felizmente, conseguimos receber orientações de alto nível à medida que desenvolvemos a pesquisa, o que nos ajudou a fornecer ensino bíblico a respeito do assunto durante as semanas que se seguiram à divulgação dos resultados. É claro que receber uma correção nem sempre é agradável. Teria sido mais fácil reagir de modo defensivo às críticas. Mas, sem elas, corríamos o risco de acabar prejudicando mais do que ajudando as pessoas.

O crédito é de todos

Um dos perigos mais comuns com os quais nos deparamos foi o orgulho (por exemplo, a tentativa de ficar com o crédito de alguma coisa ou o sentimento de ofensa quando alguém se sentia ignorado), que enfraquece os esforços da equipe. O que fazer? Recomendamos lidar de maneira rápida e respeitosa com esse tipo de sentimento.

Também sugerimos a elaboração de um código de equipe que determine: "O crédito é de todos aqui, e nós *abrimos mão dele*". Isso ajuda as pessoas a se concentrar nas necessidades e realizações de outras pessoas e no grupo como um todo, além de contribuir para a formação de um time mais feliz, saudável e eficiente.

Qualquer pessoa envolvida na pesquisa sobre decência no vestuário poderia ter causado a ruína do projeto se estivesse interessada em ficar com todo o crédito. Katrina poderia ter exigido um papel de maior destaque em todo o processo; afinal, a ideia original era *dela*. Nós poderíamos ter reivindicado toda a glória; afinal, o *website* era *nosso*. E David poderia ter agido da mesma maneira (e ainda cobrar um dinheiro que nós não tínhamos); afinal, o sistema de pesquisa era *dele*, e nada do que foi feito seria possível sem sua ajuda. Felizmente, porém nada disso aconteceu. Em vez disso, nós nos concentramos em realizar algo em que acreditávamos, e milhares de pessoas foram abençoadas graças a esse esforço conjunto.

Os outros também pecam

É provável que o aspecto mais difícil no trabalho em equipe seja o fato de termos de lidar com gente diferente de nós. Entende o que queremos dizer? Mesmo os mais bondosos, sinceros e fortes cristãos são pecadores e imperfeitos (ou seja, em determinados momentos, é difícil — senão impossível — lidar com eles). Além disso, a pressão, o cansaço e a frustração frequentemente estimulam o que há de pior nas pessoas. É por isso que os desafios mais radicais exigem paciência, humildade e um suprimento quase infinito de capacidade de perdoar.

Uma das razões pelas quais adoramos histórias como a de Katrina e Jeremy é porque elas falam de desafios mais radicais enfrentados e vencidos por um grupo de adolescentes comuns. Uma das coisas que nosso pai gosta de dizer sobre a igreja é que ela "funciona com gente comum". O mesmo vale para a Rebelução, e certamente também quando as pessoas se dedicam à realização das coisas mais radicais: não é necessário ser super-herói ou santo para isso — apenas um punhado de pessoas que pensam da mesma maneira e estão dispostas a *pegar pesado* juntas, espalhando muita graça pelo caminho.

Problemas acontecem

Durante o processo de organização da pesquisa (e enquanto trabalhávamos nas campanhas do Alabama), tivemos vários problemas de comunicação, discordamos muitas vezes e cometemos erros bobos. Em alguns momentos, aconteceram coisas inacreditáveis, impossíveis e desastrosas, tudo ao mesmo tempo.

Por exemplo, no processo de organização da distribuição de mais de cento e vinte mil boletins de campanha no circuito de Talladega, onde seria disputada a prova UAW-Ford 500 — um grande evento com mais de um milhão de expectadores ao longo do fim de semana — estouramos a nossa cota de pequenas catástrofes.

Primeiro, os cinquenta universitários que vieram de quatro Estados se esqueceram da diferença de fuso horário e chegaram uma hora mais cedo, quando ainda não estávamos preparados para recebê-los. Não tínhamos os formulários prontos para fazer a inscrição e a pizza ainda não havia sido entregue. Mau começo.

Em seguida, descobrimos um problema maior de comunicação. O professor dos universitários dissera a eles que fariam a campanha de um candidato ao governo do Estado, e não à Suprema Corte. Quando descobriram isso, os estudantes ficaram decepcionados e aborrecidos. Sentiram-se como se tivessem sido enganados, e alguns deles queriam voltar dali mesmo.

A essa altura, apenas três membros da campanha permaneciam no local: Alex, Brett e outro adolescente de dezessete anos chamado Jonathan Monplaisir. Queríamos nos enfiar em um buraco e morrer. Foi então que os universitários descobriram nossa idade e que éramos nós os encarregados daquela ação. Parecia que as coisas não podiam piorar mais. Felizmente, não pioraram.

Fizemos muitas ligações telefônicas e conseguimos levar os candidatos até ali com rapidez. Eles conversaram rapidamente com os estudantes. Chamamos o professor e conseguimos que ele assinasse uma declaração, admitindo que fora dele o erro e dizendo acreditar que o oferecimento de ajuda aos nossos candidatos era tão importante quanto ajudar na campanha para a vaga de governador.

Durante aquela noite, conseguimos organizar o que faltava, providenciamos a pizza para os universitários famintos, montamos mais de mil placas de campanha, carregamos os carros com dezenas de milhares de boletins e alojamos as pessoas na hora de dormir. Em comparação com aquelas primeiras horas, os dois dias seguintes funcionaram com a precisão de relógio suíço.

Problemas acontecem, por isso não deveríamos nos surpreender com eles. A Bíblia adverte que, quando buscamos ativamente cumprir a missão que Cristo nos delegou, enfrentamos obstáculos. Por isso, nossa melhor reação é ficar alertas e não entrar em pânico quando essas coisas ocorrem. De fato, descobrimos que esses problemas servem como uma espécie de combustível para a vida de oração, além de nos ensinarem a trabalhar à velocidade da luz. Para que nem você nem sua equipe se sintam desestimulados, procure distinguir a mão de Deus em todas as situações.

Não desista

Para que uma atividade em equipe dê certo, quase sempre é necessário que muitas pessoas trabalhem juntas por um longo período de tempo. Por isso, a perseverança é fundamental.

Teria sido fácil para Katrina desistir de sua grande ideia bem antes de transformá-la em realidade. Ela não conhecia ninguém mais que pudesse (ou quisesse) ajudá-la. Mesmo em nossos fóruns, a reação inicial à ideia de Katrina de fazer perguntas aos rapazes sobre o conceito de decência no modo de vestir não foi de muito entusiasmo. Outras garotas chegaram a dizer que seria muito esquisito promover uma discussão pública sobre o assunto. Katrina quase desistiu de tudo, mas sua mãe a encorajou a seguir em frente e nos pedir ajuda. "Minha mãe teve de ser muito convincente", conta, "mas estou feliz por não ter desistido".

O sucesso também acontece

Descobrimos que a colaboração não se resume à maneira pela qual realizamos os desafios mais radicais; geralmente, ela se transforma em um desafio radical por si. Isso significa que devemos medir o nosso sucesso não apenas em função de nosso objetivo, mas também pela maneira como trabalhamos juntos para alcançá-lo. Procure, dentro do esforço de sua equipe, pequenas e importantes vitórias: coisas que as pessoas estão fazendo pela primeira vez e se saindo bem, marcos espirituais, listas de afazeres difíceis completados, lições aprendidas, desastres totais transformados em grandes sucessos. São todas experiências bem-sucedidas, cada uma à sua maneira, e igualmente importantes.

Nossos dois principais esforços de colaboração — as campanhas no Alabama e a pesquisa na internet — levaram a resultados finais bem diferentes. O levantamento sobre decência no vestuário foi melhor do que poderíamos imaginar, mas perdemos as eleições. No entanto, em certo sentido, ambas foram experiências bem-sucedidas porque os jovens envolvidos se fortaleceram ao longo do processo. Eles alcançaram realizações genuínas, adquiriram uma experiência valiosa, produziram impacto positivo sobre outras pessoas e aprenderam lições sobre o trabalho em equipe e grandes desafios que guardarão para sempre.

Lidando com os grandes desafios radicais

O mais empolgante no que se refere aos grandes desafios radicais é que, quando Deus nos chama, ele também providencia a ajuda de que precisamos para cumprir a tarefa. Por isso, não tenha medo de lidar com grandes desafios ao lado de outras pessoas. Pode ser que o seu primeiro grande desafio não seja arrecadar 32 mil dólares, coordenar uma campanha regional ou produzir uma pesquisa pela internet. Mas, assim como acontece com qualquer desafio radical, eles vão ficando maiores à medida que você também cresce como pessoa.

Esperamos que você tenha entendido que os grandes projetos não precisam esperar demais. Juntos, podemos realizar coisas grandiosas para Deus, a começar de hoje. Gostamos da maneira pela qual Katrina fala sobre isso:

> Na hora, nada parecia tão estranho, mas quando olho para trás, fico impressionada. Todos tínhamos dezoito anos ou menos. Eu só tinha quinze. Isso me faz pensar: o que *mais* os adolescentes são capazes de fazer quando trabalham juntos? Havia mais ou menos cinco pessoas principais envolvidas na pesquisa sobre decência no modo de vestir. Imagine o que poderíamos ter feito com uma equipe de uma centena de pessoas!

O que *você* poderia fazer trabalhando ao lado de três, dez ou cem pessoas? Ore e planeje. Em seguida, entre em ação.

CAPÍTULO 8

RECOMPENSA A LONGO PRAZO

Como fazer as coisas radicais que não oferecem retorno imediato

Joanna desligou o telefone. Estava chocada. Havia meses que ela vinha contando os dias para sua viagem à Romênia. Agora o pai ligara para dizer que a viagem havia sido cancelada.

"Fiquei passada", disse-nos Joanna depois. "Eu me sentia como se tivesse sido empurrada para o fundo da água sem ter tido a chance de respirar fundo antes".

Naquele verão, em vez de fazer uma viagem emocionante à Romênia para falar do evangelho, Joanna teve de ficar em casa, no Tennessee. A mãe enfrentava sérios problemas de saúde. Como era a filha mais velha em casa, ficou a cargo de Joanna providenciar as refeições, fazer a lavanderia, cuidar dos irmãos mais novos e manter a limpeza.

Não era bem o verão que ela havia planejado. "Foi *muito* difícil", ela contou. "Um dos momentos mais complicados de minha vida."

Você já se sentiu como Joanna? Pronto e motivado para lidar com alguma coisa bem grande e empolgante, mas preso contra a sua vontade em uma série aparentemente interminável de tarefas domésticas?

Como fazemos para conciliar o fato de que há um mundo imenso do lado de fora para ser impactado por Deus com a realidade de que estamos presos em casa, formando os pares das meias depois de mais uma sessão de lavanderia? O que se espera que os *rebelucionários* façam em relação às coisas pequenas e aparentemente insignificantes que tomam tanto tempo e energia? De que maneira tarefas como lavar a louça e redigir relatórios de atividades em laboratório das aulas de Biologia podem se encaixar no conceito de "coisas radicais"?

Rebelucionários precisam usar a lógica ao analisar esse problema, caso contrário podem comprometer sua caminhada no sentido de realizar os desafios mais radicais para Deus. E mais: deixaremos de desfrutar o sentido genuíno e os benefícios implícitos no que gostamos de chamar de "pequenas coisas radicais".

Emendando as redes e abrindo os peixes

No clássico romance de Rudyard Kipling chamado *Captains Courageous* [Capitães coragem], Harvey Cheyne, de quinze anos, filho de um magnata do transporte ferroviário, cai no mar durante uma viagem de transatlântico e é resgatado por pescadores.

Com frio, molhado e esquecido pela primeira vez em sua vida de garoto mimado, Harvey tenta, a princípio, convencer os pescadores que seus pais são muito ricos. Ele quer que os pescadores abandonem a estação de pesca para levá-lo para casa, onde promete que seu pai os recompensará generosamente. Mas seus apelos não funcionam. No fim, ele é forçado a garantir seu sustento emendando as redes e abrindo os peixes.

No início, Harvey não consegue acreditar em seu azar. O trabalho árduo, as longas horas, o mau cheiro, o frio e o desgosto o deprimem. Com o tempo, porém, Harvey muda misteriosamente. Seu corpo fica mais forte. Ele aprende a usar as mãos e a cabeça para realizar as tarefas e resistir às provações impostas pela pesca em alto mar. Ele começa a apreciar as dificuldades e a admirar a força e a inteligência de seus novos companheiros.

Quando o barco finalmente retorna ao porto, Harvey telegrafa para os pais, que vão correndo até a cidadezinha. Impressionados, eles encontram o filho transformado. O garoto preguiçoso e cheio de vontades se tornou um jovem diligente, sério e ponderado. Harvey está pronto para dar início a uma carreira de sucesso na empresa do pai.

Pode ser que você também se sinta esquecido e solitário, preso a rotinas sem sentido que parecem levá-lo a lugar nenhum. Você sente que tem um potencial incrível, mas que está sendo desperdiçado.

A verdade é que a sua vida (tanto agora quanto mais tarde) exigirá que você invista muito tempo e energia em coisas que não são grandes e que, ao que parece, não produzirão muito impacto. Às vezes, elas nem mesmo fazem sentido. Há momentos em que as menores coisas podem ser as mais difíceis de fazer.

Neste capítulo, porém, mostraremos a você o papel importante que essas pequenas coisas difíceis podem desempenhar na vida de todos nós — não apenas agora, mas pelo resto de nossa vida. Achamos que você aprenderá a mesma lição que Harvey aprendeu: fazer essas coisas pequenas, além de necessário, gera dividendos incríveis para a vida e o futuro de todo *rebelucionário*.

Por que coisas tão pequenas são tão difíceis

Durante nosso estágio na área jurídica, ficamos surpresos ao descobrir que as coisas mais difíceis de fazer não eram os projetos da Corte do qual éramos incumbidos. É claro que essas coisas eram difíceis, mas geralmente também eram empolgantes e importantes. As mais difíceis para nós eram as coisas pequenas, como manter o quarto limpo, dormir na hora certa, ler nossa Bíblia a cada manhã e manter contato com nossa família.

É provável que você já tenha passado pela mesma experiência em sua vida. Para você, pode ter envolvido coisas como a leitura da Bíblia e a oração. Talvez fosse o cumprimento de tarefas domésticas quando (e da maneira pela qual) sua mãe mandava. Ou então, acordar na hora certa, fazer exercícios regularmente ou dizer "não" a determinadas distrações ou tentações. Para nós, têm sido todas essas coisas e outras mais. Seja o que for, pode ser que você não considere nada grande demais, mas são coisas difíceis.

As pequenas coisas ocorrem com maior frequência dentro de casa, da escola ou das igrejas. Raramente são novas ou empolgantes, e costumam ser repetitivas; às vezes, até mesmo tediosas. Essas coisas pequenas acontecem no nível em que normalmente vivemos a vida. De fato, no sentido mais básico, elas *constituem* a nossa vida — aquilo que faz parte de nosso dia a dia. Você não encontrará nenhuma delas nas manchetes do jornal ("Garoto do bairro limpa o quarto e faz o trabalho de casa") nem acordará ansioso por elas ("Que coisa boa! Hoje vou fazer todas as tarefas que minha mãe mandar com a maior alegria!").

Tentamos imaginar exatamente o motivo pelo qual as pequenas coisas difíceis são assim. Veja se você concorda com as cinco principais razões que listamos:

1. *Elas não costumam acabar depois que você as completa.* "Meu quarto não fica limpo. A louça não permanece lavada. Tenho de escovar os dentes várias vezes. Há sempre mais uma prova para fazer no colégio e mais uma tentação para resistir. Tem sempre alguma coisa a mais. Será que um dia tudo isso acaba?"
2. *Elas não parecem muito importantes.* "Passar tempo com meu irmãozinho não é tão importante quanto arrecadar dinheiro para os órfãos na África ou trabalhar como voluntário em uma campanha política. Eu deveria estar fazendo coisas grandes para Deus. Ficar com o meu irmão é uma forma de distração."
3. *Elas não parecem muito relevantes.* "Daqui a cinco anos, será que fará alguma diferença se eu limpei meu quarto hoje? Ou se eu dirigi dentro dos limites de velocidade? Ou se eu li minha Bíblia esta manhã? De que maneira posso me beneficiar quando executo essas tarefas?"
4. *Elas não são muito glamorosas.* "Não há vantagem alguma em controlar o meu temperamento quando estou com meu pai. Ninguém reconhece mesmo. E agora estou limpando o banheiro.

É uma tarefa horrível e ingrata. Que droga. Não acho que tenha de fazer isso."

5. *Ninguém presta atenção.* "Todo mundo fica impressionado porque ela está arrecadando dinheiro para ajudar os pacientes de câncer. Ninguém se importa que eu esteja tomando conta de minha avó e estudando para o vestibular ao mesmo tempo."

Infelizmente, temos a tendência a reagir a essas pequenas coisas difíceis de maneiras não muito *rebelucionárias*. Por isso, além de apontar *cinco motivos pelos quais as pequenas coisas difíceis são assim*, fizemos uma lista com *cinco formas de fracasso na hora de fazer as pequenas coisas difíceis*. Veja se você é capaz de se reconhecer em alguma delas:

1. *Procrastinação.* "Com certeza, vou cuidar disso... quando der. Daqui a um minuto. Assim que eu terminar de... Ah, que pena, está na hora de dormir."
2. *Incoerência.* "Sim, eu li a minha Bíblia. Na verdade, só li pela manhã. É claro que não li ontem e anteontem, mas li na terça-feira passada... se não me engano."
3. *Falta de compromisso.* "Só farei isso desta vez. Uma vez não vai prejudicar ninguém, certo? Talvez só mais outra vez. Aí eu paro mesmo. Ah... só mais uma vez."
4. *Má vontade.* "Tudo bem, se eu tenho mesmo de fazer, então eu faço! Só não esperem que eu faça isso com prazer."
5. *Enrolação.* "Olhe só, eu limpei meu quarto muito bem, pode conferir... a não ser que você abra meu armário, olhe embaixo da cama, vasculhe a minha gaveta ou confira no cesto de roupas sujas."

As coisas pequenas, em geral, *parecem* rotineiras, insignificantes e sem sentido. Mas será que são mesmo tudo isso?

Não pensamos assim. A sabedoria, a Bíblia, a História e as experiências de pessoas como Joanna mostram o contrário.

A verdade é que grandes dádivas costumam estar escondidas nesses pequenos pacotes.

O plano por trás do sofrimento

"Deus tinha um plano", afirma Joanna ao refletir sobre a viagem que faria à Romênia e foi cancelada e o verão que passou tomando conta de sua família. "E era um plano *muito* melhor do que o meu. Se aquilo não tivesse acontecido, eu não teria aprendido a cozinhar melhor, não teria ajudado meus irmãos nem teria cuidado de coisas da casa. Posso dizer, com toda sinceridade, que sou grata por essa provação, embora tenha sido muito difícil.

Como Harvey em *Captains Courageous*, Joanna aprendeu que as pequenas coisas nos capacitam a cuidar de grandes desafios no futuro. Hábitos como trabalhar duro, manter uma atitude positiva, viver com autodisciplina e integridade e servir as pessoas proporcionam benefícios imediatos *e* ainda rendem grandes dividendos no futuro, desde que façamos essas coisas de maneira fiel.

Dê uma olhada cuidadosa nas coisas em que você está envolvido atualmente.

Se você está se esforçando para ser gentil com um irmão, então está a caminho de realizar duas coisas, pelo menos: está preparando seu relacionamento futuro com aquele irmão ou aquela irmã e ensaiando a maneira pela qual se relacionará com seu cônjuge ou com os colegas de trabalho no futuro. Se você está batalhando para passar na prova de Química hoje, isso influenciará seu futuro acadêmico e, ao mesmo tempo, exercitará e fortalecerá o seu cérebro para lidar com situações ainda mais complexas posteriormente.

Fazer as coisas difíceis é a melhor maneira de exercitar nosso corpo, nossa mente e nossa fé. Pequenas coisas difíceis são as repetições individuais, como se fossem flexões. Aparentemente, são insignificantes em si, mas geram resultados que resistem ao tempo.

Como é de esperar, Deus se importa muito com as coisas pequenas, e a Bíblia tem muito a dizer sobre elas. No evangelho de Mateus, Jesus narra a parábola dos talentos. Nessa história, um nobre entrega a cada um de seus servos determinada quantia (chamada "talentos") antes de partir em uma jornada. Quando volta, dois dos servos relatam que colocaram o dinheiro para render e duplicaram o que lhes havia sido confiado. O mestre elogia ambos, dizendo: "Você foi fiel no pouco, eu o porei sobre o muito" (Mt 25:21). O evangelho de Lucas diz que o "muito" ao qual esse homem se refere significa cidades inteiras. Não haveria melhor promoção do que essa.

O terceiro servo, porém — aquele que não fez absolutamente nada com o que lhe foi confiado pelo nobre —, recebeu uma repreensão. "Servo mau e negligente!", disse o mestre para depois jogar aquele homem preguiçoso na rua (Mt 25:26). Até mesmo o que ele tinha lhe foi tirado.

Outra ilustração a respeito das pequenas coisas na Bíblia está em Gálatas 6:7, onde Paulo escreve: "Não se deixem enganar: de Deus não se zomba. Pois o que o homem semear, isso também colherá". Toda ação, não importa quão pequena seja, define a nossa colheita no futuro. Pequenas sementes podem produzir grandes ervas daninhas, mas também podem gerar lindas flores ou alimentar um país inteiro.

Mas é aí que os servos preguiçosos (e muitos de nós) fracassam. Gostamos da colheita, mas não apreciamos muito a semeadura e o cultivo das boas sementes. Gostamos de estar saudáveis e fortes, mas não gostamos de nos exercitar. Todo mundo quer fazer coisas grandes e importantes, mas temos a tendência de não levar em consideração as coisas pequenas e igualmente importantes que nos fazem chegar lá. É aí que entra o conceito de "pegar pesado". Ele nos faz lembrar que, às vezes, as menores coisas podem ser as mais difíceis, e que o propósito do esforço é proporcionar força. Ser fiel nas coisas menores é a maneira de ganhar, manter e demonstrar a força necessária para realizar algo realmente grande.

Um dos melhores exemplos que descobrimos é o que aprendemos com os vikings. E, não, não estamos falando sobre o time de futebol americano.

Uma lição com os vikings

Os vikings eram piratas e guerreiros ferozes que aterrorizavam o norte da Europa há aproximadamente mil anos. Eles pilharam e queimaram praticamente todos os países do continente que deram o azar de serem banhados pelo oceano Atlântico. Os europeus ficaram tão assustados com a ameaça dos vikings que as igrejas geralmente faziam uma oração especial: "Deus, livre-nos da fúria dos homens do norte".

A maioria dos historiadores atribui a eficácia arrasadora dos vikings a seus navios de guerra, que eram suficientemente leves para ser arrastados até a praia. Isso lhes permitia promover ataques muito rápidos e, em seguida, bater em retirada para a segurança do mar.

No entanto, outro fator que contribuiu para a eficiência dos vikings tem um enorme significado para os *rebelucionários*: os vikings remavam até chegar ao campo de batalha. A maioria das outras forças marítimas da época usava escravos ou remadores profissionais para impulsionar seus navios de guerra, mas os vikings assumiam total responsabilidade por aquela atividade repetitiva que exigia tanto esforço. Isso nos revela algo de grande importância a respeito deles: os vikings tinham um preparo físico impressionante.

Não é de admirar que um continente inteiro vivesse com pavor deles. Por causa de sua grande força, eles eram capazes de mover rotineiramente, por quilômetros, seus barcos de vinte toneladas para cruzar os oceanos. Quando saíam dos navios e começavam a agitar seus machados de batalha, não fazia diferença se o inimigo estivesse usando um escudo ou colocasse uma barricada na porta. As chances de sobrevivência eram reduzidas. A força extraordinária dos vikings fez deles guerreiros quase impossíveis de serem derrotados.

Todos podemos aprender uma lição a respeito das pequenas coisas difíceis com os vikings. *Se* estivermos dispostos a buscar a excelência, mesmo nas tarefas e responsabilidades tediosas e repetitivas que os outros delegam ou negligenciam, nós *colheremos* os benefícios poderosos que outras pessoas dispensam.

Realizar as pequenas coisas difíceis pode fazer uma diferença radical.

Confere, confere, confere!

"Sempre fui uma procrastinadora", admitiu Katie, estudante do primeiro ano do Ensino Médio, em uma carta. "Eu achava que sempre *seria* uma procrastinadora. Pensava que, apesar de todas as minhas esperanças e de todos os meus sonhos, ainda assim eu fracassaria." Katie nos contou que ela evitava tudo o que não queria fazer por tanto tempo quanto fosse possível, e costumava entregar os trabalhos do colégio com atraso. "O dicionário define um procrastinador como 'aquele que procrastina, atrasa, adia (algo)'. Tudo a ver comigo", ela confessou.

Para Katie, o momento da virada aconteceu quando ela recebeu uma péssima nota em Álgebra 2. Aquilo realmente a despertou. De repente, ela conseguia se ver fritando hambúrgueres em um restaurante do tipo *fast food* pelo resto da vida. Foi quando decidiu lidar com seu próprio desafio radical: a procrastinação.

"A partir dali, fiz um voto de que as coisas seriam diferentes. Escolhi minhas turmas cuidadosamente. Estabeleci prioridades. Abandonei o time de vôlei. Comecei a acordar cedo. Estabeleci uma agenda e passei a cumpri-la fielmente. Eu não queria me dar a chance de recuar."

Muitos meses depois de resolver o problema da procrastinação, a vida de Katie mudou de maneira radical. Veja como ela a descreve agora:

> Não me atraso com mais nada. Na verdade, estou adiantada com vários itens de minha agenda. Na semana passada, recebi um A na prova de História. Encontrei tempo para trabalhar como babá e participar em algumas atividades extracurriculares, como debates e oratória. Tenho até tempo de sentar e escrever este relato.
>
> Superar o meu problema com a procrastinação foi a pior coisa que já tive de fazer. Pode até parecer uma coisa banal para os outros, mas para mim é uma questão muito importante. Não sou uma inútil.

Ainda tenho chances de perseguir meus sonhos. É claro que tive de assumir um compromisso pessoal, mas, agora que constatei como isso é possível, não estou disposta a voltar atrás para viver do jeito que eu vivia. Meu livro de tarefas de tornou minha obra-prima mais preciosa, com todas as suas belas marcações das tarefas realizadas: confere, confere, confere!

Quais foram as pequenas coisas difíceis que vieram à sua mente conforme leu as histórias de Joanna, Harvey, Katie e dos vikings? Se você for como nós, sempre haverá certas tarefas ou responsabilidades que desejará ignorar. Precisamos constantemente nos lembrar de como é importante ficar de olho nessas áreas nas quais temos a tendência de deixar as coisas saírem do controle. Aqui estão duas perguntas que ajudarão você a agir da mesma maneira que Katie:

- Pense em uma tarefa regular ou diária que você deteste e que tome menos do que cinco minutos de seu dia. Como você costuma lidar com isso? Com procrastinação? Com incoerência? Com irritação? Até que ponto você poderia se beneficiar de uma mudança de atitude e com a renovação de um compromisso em relação a essa pequena tarefa?
- Você tem um grande objetivo para a sua vida que não consegue realizar sem assumir um compromisso em relação às pequenas coisas difíceis? Coloque no papel esse grande objetivo. Em seguida, escreva as pequenas coisas difíceis que ajudarão você a alcançar essa meta e de que maneira a realização dessas tarefas hoje permitirão a concretização de seu sonho no futuro.

Lembre-se: ao se comprometer com a excelência hoje, fazendo as pequenas coisas difíceis que Deus colocou em sua rotina, ele concederá a força da qual você precisa. Com o tempo, essas tarefas se tornarão mais fáceis e os benefícios de executá-las serão cada dia mais evidentes.

"Aqui vivia um grande gari"

Agora uma pergunta difícil: será que podemos agregar significado aos atos mais simples e humildes? Não é tão difícil assim reconhecer o valor da execução das pequenas coisas difíceis como forma de preparação fundamental para futuras conquistas, mas será que podem ser consideradas significativas em si e por si?

Sim. Todo trabalho que fazemos com esforço sincero e atitude certa agrada a Deus. Em Colossenses 3:23, Paulo escreveu: "*Tudo o que fizerem*, façam de todo o coração, como para o Senhor..." (grifos do autor). E em 1Coríntios 10:31, ele repete: "... façam tudo para a glória de Deus".

Adoramos a maneira pela qual Martin Luther King Jr. tratou esse assunto ao falar às pessoas envolvidas nas mais diversas atividades:

> Se um homem é chamado de gari, ele deve limpar as ruas da mesma maneira que Michelângelo pintava, que Beethoven compunha ou que Shakespeare escrevia. Ele deve limpar as ruas tão bem que todas as hostes celestiais e da terra parem e digam: "Aqui viveu um grande gari que executou muito bem o seu trabalho".[1]

Assim como o gari, as suas ações em casa, na escola, na igreja e em qualquer outro lugar de sua comunidade podem promover a glória e a honra de Deus, desde que você esteja disposto a dedicar a essas atividades 100% de seu empenho apenas por serem tarefas que *ele* designou para sua vida.

Assuma o seu desafio viking hoje mesmo: faça as pequenas coisas difíceis. O fato de ter de enfrentá-las não constitui um erro, e sim uma oportunidade. É por isso que incentivamos você a colocar toda a sua força e todo o seu empenho em cada remada.

E, como Deus é bom, você será beneficiado e fortalecido quando se empenhar de coração a executar as tarefas que ele colocou em sua vida, independentemente do fato de serem relevantes ou não, e estará pronto para o próximo grande desafio.

CAPÍTULO 9

ASSUMINDO UMA POSIÇÃO

Como fazer as coisas radicais que contrariam aquilo em que a multidão acredita

Eva mora em uma área rural da Alemanha, onde quase todo mundo é "cristão", ainda que poucos levem a sério o dever de seguir a Cristo. O consenso em sua cidadezinha, como ela nos revelou em uma mensagem eletrônica, é que a religião não faz mal a ninguém, e é até útil quando passamos por momentos de dificuldade. Por isso, quando Eva decidiu entregar de fato sua vida a Deus, aos dezesseis anos, ela logo passou a enfrentar dificuldades com a cultura, principalmente a da juventude de sua região, que se resume a baladas no fim de semana nas quais os estudantes se esquecem do colégio e bebem muito.

No mundo de Eva, essas festas não são consideradas meros acréscimos à vida social: elas são *a própria* vida social da pessoa. Até mesmo os pais dos jovens da cidade consideram isso normal. Praticamente todas as conversas no colégio durante a semana estão relacionadas às festas. É sempre algo como: "Você viu aquela garota com o Jason?"; ou: "Você estava lá quando Daniel começou a dançar com a menina que estava cuidando do som?". Assim que acaba a troca de fofocas sobre a festa da semana anterior, começam os preparativos para a da semana seguinte. A vida deles é assim, semana após semana, e para fazer parte da *galera* é preciso estar em todas as festas.

Todo mundo espera que Eva frequente essas festas, mas agora ela é uma cristã. Será que ela faz bem em ficar em casa, considerando que isso pode marginalizá-la em termos sociais? Será que ela poderia participar das festas, mesmo ficando quietinha em um canto?

Isso ajudaria a mostrar às pessoas que os cristãos também se divertem, não é verdade?

Você já teve de tomar uma decisão como a que Eva tomou? Talvez, no seu caso, a dúvida foi entre acompanhar ou não um grupo de amigos que pretendia assistir a determinado filme impróprio. Ou então você ficou dividido entre comprar ou não certa roupa porque chamava atenção, só que de um jeito não muito recomendável. Pode ser que o problema tenha sido porque, diante de todos os colegas de classe, o professor pediu sua opinião a respeito de uma questão ética. De repente, um monte de pares de olhos se fixaram em você. Seu coração começou a acelerar e bater mais forte. Suas bochechas coraram. Ali estava uma grande oportunidade de defender as coisas nas quais você acredita, mas ficou com medo. O que as pessoas iriam pensar? O que aconteceria se dissesse alguma coisa errada? Por que isso é tão difícil?

Às vezes, somos capazes de defender as nossas convicções. Dizemos a alguém que é errado usar o nome de Deus em vão ou de maneira irreverente, ou então perguntamos aos nossos amigos não cristãos o que eles acham que acontecerá depois da morte. Contudo, com maior frequência, a impressão é a de que nossa reação se limita a simplesmente afundarmos na poltrona, concentrarmos a nossa atenção em algum livro que estejamos lendo, mudarmos de assunto, sairmos da sala ou pedirmos à nossa consciência que nos deixe em paz. "Minhas convicções são questões de ordem puramente pessoal", justificamos. "É importante manter a discrição para não parecer que estamos querendo ser melhores do que os outros."

Neste capítulo focamos o quinto e último tipo de desafio radical *rebelucionário*: manter a firmeza, mesmo quando essa postura se revela impopular. Trata-se de uma das coisas mais difíceis para os adolescentes (aliás, para todo mundo). Vai contra nosso desejo natural de nos enquadrarmos, de sermos aceitos, de fazer amigos. Não há nada igual para pôr à prova nossas convicções. Analisamos com cuidado o preço a ser pago por essa decisão — é possível que você perca amigos, oportunidades e se torne menos popular; em alguns países, essa decisão pode custar a própria vida.

Mas também analisaremos algumas das bênçãos genuínas que podem advir como resultado dessa postura firme em defesa de nossos valores e do que é certo. Tudo se resume a um princípio que está no cerne do caráter cristão: temos de nos preocupar mais em agradar a Deus do que aos homens. Como Eva está descobrindo, uma decisão como essa mexe em quase tudo o que diz respeito à maneira de se viver. Pode até mudar o rumo da história.

O que define você?

Toda a indecisão e todo o conflito na vida de Eva desapareceram quando ela se deparou com as palavras que Jesus usou ao orar pelos discípulos — e por todos os que viessem a crer ao longo da história: "Dei-lhes a tua palavra, e o mundo os odiou, pois eles não são do mundo, como eu também não sou. Não rogo que os tires do mundo, mas que os protejas do Maligno. Eles não são do mundo, como eu também não sou" (Jo 17:14-16).

A partir desse ponto, Eva sabia que não poderia prosseguir vivendo como seus amigos. Ela é uma embaixatriz que pertence, antes de tudo, ao reino de Deus, e não à Alemanha ou à cultura dos jovens que a cercavam. Ela vivia em um mundo de festas, mas não precisava mais fazer parte daquilo. E, se o mundo a odiava por sua escolha, ela não podia fazer nada. Sua missão não era se enquadrar, e sim ser fiel à fé.

Isso nos faz lembrar de uma cena do musical *Oklahoma!*, de Rodgers e Hammerstein, no qual o personagem Curly faz um discurso sobre "Jud Fry, velho mau e sujo". Curly afirma, solenemente:

> Jud foi o homem mais incompreendido que já viveu neste território. As pessoas costumavam achar que ele era um lenhador feio e mau. Elas diziam que ele era um trapaceiro sujo e ladrão de porcos sem-vergonha. Mas quem o conhecia de verdade sabia que, sob aquelas

> duas camisas sujas que ele sempre usava, batia um coração tão grande quanto todos os demais [...] Jud Fry amava seu próximo [...] Ele amava os pássaros no céu e as feras no campo. Ele amava os camundongos e os vermes dos celeiros; tratava os ratos como iguais, o que era a coisa certa. E ele amava as criancinhas. Amava todos e tudo o que existe neste mundo! Ele só não expunha esses sentimentos, por isso ninguém tinha como saber.

E, embora essa cena, supostamente, fosse engraçada, precisamos nos perguntar se as mesmas palavras poderiam ser repetidas em nosso funeral. E se Curly estivesse falando a respeito de *você*? Será que diria algo mais ou menos assim?

> Joe, o adolescente, foi o jovem mais incompreendido que já viveu neste território. As pessoas costumavam achar que ele só se preocupava em se divertir e levar a vida na brincadeira. Elas diziam que ele era um adolescente rebelde e um garoto bobo! Mas quem o conhecia de verdade sabia que, apesar daquele *laptop*, daquele iPod, daquela televisão de LCD, daquele videogame PlayStation 3, daquelas namoradas, daquele mau comportamento em relação aos pais, daquele egoísmo e daquela preguiça, batia nele um coração dedicado a Deus tão grande quanto todos os demais.
>
> Joe, o adolescente, amava Deus e sua família. Ele sabia que os anos da adolescência eram de treinamento rigoroso, e sabia que era a coisa certa. E queria fazer diferença no mundo em nome de Cristo. Joe queria defender as coisas certas, nas quais tinha convicção, diante de todos. Ele só não expunha esses sentimentos, por isso ninguém tinha como saber.

Eva percebeu, como nós também devemos perceber, que um coração transformado gera uma vida transformada; que a fé salvadora em Jesus Cristo se reflete em nossas ações. O apóstolo Tiago escreveu: "Mas alguém dirá: 'Você tem fé; eu tenho obras'. Mostre-me a sua fé sem obras, e eu lhe mostrarei a minha fé pelas obras" (Tg 2:18). Por favor, entenda que, embora sejamos salvos unicamente pela fé, a verdadeira fé salvadora não pode ser inativa. Precisamos de uma fé que *funcione*.

Não se trata de uma convocação para que saiamos por aí com uma aparência de religiosidade. Significa que uma fé cristã autêntica deve permear a nossa vida. Significa que, seja assistindo a determinado filme seja rindo de certas piadas, isso mostra às pessoas como está o seu coração.

Para Eva, significava que seguir a onda da multidão não era uma alternativa viável. "Se ser uma cristã não significava uma mudança em meu jeito de agir", ela raciocinava, "então como poderia dizer que havia passado por uma transformação verdadeira por dentro?".

Fazer a coisa certa, mesmo quando se exigem sacrifícios

Eva sabia que tinha tomado a decisão certa, mas ainda tinha de enfrentar as consequências dessa postura. Suas amigas e os colegas da escola logo estranharam o fato de ela não comparecer mais às festas. Até mesmo alguns adultos da cidade não conseguiam entender.

No colégio, Eva foi repentinamente alijada de todas as conversas e fofocas. Os colegas a consideravam uma companhia chata porque ela deixara de frequentar as festas de fim de semana. Eva teve dificuldade de assimilar esse rótulo.

"Tenho de admitir que, em determinados momentos, eu só queria me enquadrar", ela conta. "Às vezes, era tão difícil não fazer parte da multidão, não pertencer ao grupo de pessoas legais, não ser considerada integrante da *panelinha*."

A postura de Eva significava rejeição e incompreensão por parte de seus colegas. No entanto, em outras partes do mundo, as consequências podem ser ainda mais perigosas. Na Índia, dois adolescentes foram cercados e agredidos por distribuir folhetos bíblicos. Na China, uma garota de dezesseis anos foi baleada na cabeça por se recusar a cuspir em uma Bíblia. Cristãos em várias partes do mundo são perseguidos, torturados e mortos por causa de sua fé.

Felizmente, Eva sabia em que estava se envolvendo. Ela já tinha lido passagens bíblicas que fazem o alerta: algumas pessoas nos odiarão porque não aderimos aos caminhos do mundo. Sabia que não estava sendo chamada para seguir Jesus apenas para receber tapinhas nas costas; ela estava sendo chamada para segui-lo mesmo quando isso significasse sofrimento. E, se ela não estava disposta a isso, então não estava seguindo Jesus de verdade.

Em última análise, esse é exatamente o significado de assumirmos uma posição: fazer o que é certo, mesmo quando isso nos custa alguma coisa. Sabíamos que estávamos assumindo uma postura quando colocamos no ar a pesquisa sobre decência, mas também nos surpreendemos com a oposição que se levantou por causa disso. Enquanto milhares de garotas gostaram da pesquisa, considerando-a um recurso muito útil, centenas de outras a viram como uma lista de regras ou acharam que estávamos culpando-as pelos problemas enfrentados pelo homem. *Sites* femininos escreveram artigos ácidos, chamando-nos de "fundamentalistas sexualmente reprimidos", e incitou centenas de leitores a visitar nosso *site* e deixar comentários raivosos. Muitos desses visitantes nunca se deram o trabalho de realmente estudar os resultados da pesquisa, mas pularam essa etapa e chegaram à conclusão de que detestamos mulheres e queremos vê-las vestidas em pano de saco. Para cada punhado de mensagens eletrônicas agradecidas recebíamos, pelo menos, uma com texto ofensivo, dizendo-nos exatamente o que merecíamos por causa de nossa suposta atitude crítica. Um amigo de Katrina ficou zangado por causa da pesquisa sem saber que ela era uma das criadoras do estudo.

Se não tivéssemos a noção de que enfrentaríamos oposição por assumir essa postura, todos nós poderíamos ter nos sentido intimidados e desencorajados. Mas em uma cultura que exalta a impureza, não chega a surpreender que algumas pessoas se sintam ameaçadas por um grupo de adolescentes que deseja manter a pureza. Quando tomamos a decisão de obedecer a Deus — mesmo quando temos de pagar um preço por isso — e manifestar a nossa fé na vida cotidiana, encontramos dificuldades, mas trata-se de algo positivo. E será bom porque Deus gosta muito de nos abençoar quando demonstramos nossa fidelidade e mantemos a nossa postura cristã.

Parabéns, você conseguiu

Você se lembra da história do Antigo Testamento que relata a venda de José como escravo por seus irmãos mais velhos e invejosos? Anos depois, quando a fome varre a região e os irmãos imploram por comida, eles se encontram novamente com José, que havia prosperado até se tornar governante no Egito e administrador das reservas de alimento. Quando perceberam quem era José, os irmãos temeram por suas vidas, mas ele os tranquilizou com uma palavra memorável que qualquer *rebelucionário* que já passou por problemas gostaria de ouvir. José disse aos irmãos: "Vocês planejaram o mal contra mim, mas Deus o tornou em bem, para que hoje fosse preservada a vida de muitos" (Gn 50:20). Quando mantemos a nossa posição como cristãos, somos vítimas de frequentes perseguições dos mais diversos tipos, mas Deus *está* no controle. É bom alcançar muitas pessoas, e nós costumamos ser beneficiados por isso.

A decisão que Eva tomou — de abandonar as festas de fim de semana — propiciou uma série de benefícios inesperados em sua vida, incluindo a oportunidade de se aproximar ainda mais de sua família. "Passei a fazer um monte de coisas com meu irmão e minhas irmãs", conta, sorrindo. "E ainda teremos muitas oportunidades de nos divertir."

E não foi só isso: com o tempo, a situação do colégio também foi melhorando. Eva nos contou: "Meus colegas de classe começaram a me respeitar. Nem sempre entendiam o meu comportamento, mas se tornaram mais tolerantes". E, embora ainda fosse marginalizada no colégio de vez em quando, Eva teve a oportunidade de conhecer algumas amigas muito legais. "Começamos a ir juntas ao colégio e estudar juntas para as provas", ela diz. "Fazer essas coisas normais ajudou as meninas a perceber que eu não era nenhuma garota esquisita!"

O mais importante de tudo é que Eva sente que Deus a protegeu de muitas dores de cabeça e vários sofrimentos. "Ele me manteve a salvo e pura para si. Deus me concedeu força e sabedoria e não permitiu que eu me transformasse em uma garota solitária." O que Eva aprendeu é que a coisa certa, mesmo sendo difícil, é a mais prudente (e, em vários aspectos, a mais fácil).

"Mais fácil?", você pode perguntar.

Pense bem: se daqui a dez anos você perguntar aos colegas de turma de Eva (que gostam tanto de festas hoje) o que eles consideram mais difícil — ficar em casa e deixar de ir às festas durante o período do Ensino Médio ou arcar com as consequências, como o consumo de álcool e drogas, os relacionamentos rompidos, os casos de gravidez indesejada e as doenças sexualmente transmissíveis —, eles provavelmente dirão que ela tomou a decisão mais fácil. E estarão certos.

Ou então pergunte a Jordan, um jovem de quinze anos que frequenta um colégio de Ensino Médio em Sacramento, na Califórnia. Ele acompanhou um grande grupo de adolescentes que foi assistir a um filme chamado *Invencível*, cujo tema é esportes, só para descobrir que os outros garotos estavam, na verdade, planejando entrar escondidos em outra sala que exibia outro filme chamado *Beerfest*. Jordan viu quando seu melhor amigo, Josh, comprou dois bilhetes para *Invencível*, mas percebeu que ele também tinha a intenção de assistir a *Beerfest*.

"Eu estaria mentindo se dissesse que não fiquei com certa dúvida em minha mente sobre o filme ao qual deveria assistir", admite Jordan, "mas foi então que eu disse: 'Não, eu não vou fazer o mesmo que os outros garotos. Deus, eu vou obedecer-lhe'". Ele se aproximou de Josh e disse: "Não precisamos ver aquele filme, cara. Vamos ver *Invencível* e fazer a coisa certa. Eu vou assistir a *Invencível* e estou pedindo a você que me acompanhe. A escolha é sua". Aquele incentivo acabou sendo tudo quanto Josh precisava. Os dois viram *Invencível* e se divertiram muito.

Na segunda-feira seguinte, o restante do grupo foi detido por ver *Beerfest*. Jordan e Josh foram os únicos que não se meteram em confusão. "Na ocasião, foi uma escolha difícil", Jordan nos contou, "mas os resultados a longo prazo realmente valeram a pena, não apenas no colégio, mas também como uma vitória espiritual sobre Satanás".

Para Jordan, Josh e Eva, fazer a coisa mais radical — permanecer firmes em suas convicções — acabou sendo a escolha mais fácil. E, embora fazer a coisa certa nem sempre resulte em um benefício óbvio para nós nesta vida, *certamente* resultará na vida por vir.

É como a frase de Jim Elliot, cuja vida foi tragicamente interrompida quando ele e quatro amigos foram assassinados por levar o evangelho ao povo auca, no Equador: "Não é tolo aquele que abre mão daquilo que não pode manter para ganhar aquilo que não pode perder".

Quando entendemos isso, tomar a decisão radical de defender aquilo em que se crê sempre será a escolha mais fácil. E, toda vez que fazemos isso, Deus fortalece nossas convicções e nossa fé; assim, estaremos preparados para desafios ainda maiores no futuro.

Saber quando e como manter a firmeza

Contudo, antes de você começar a se atirar na arena dos leões, vamos analisar de maneira mais cuidadosa *quando* devemos assumir essa postura e *como* deve ser o nosso procedimento. O fato é que podemos atribuir a determinadas situações uma dimensão que elas não possuem. Precisamos ter sabedoria para entender como avaliar de modo apropriado cada circunstância para que sejamos capazes de defender a coisa certa na hora certa e pelos motivos certos.

Tendo isso em mente, aqui estão seis princípios que sugerimos para orientar os *rebelucionários* que desejam se manter firmes em suas convicções:

1. Comece com a Bíblia.
2. Faça uma introspecção.
3. Ouça sua consciência.
4. Busque conselhos de pessoas tementes a Deus.

5. Seja humilde, amoroso e ousado.
6. Torne-se parte da solução, e não do problema.

Comece com a Bíblia

O que a Palavra de Deus diz a respeito desse assunto? Mesmo que determinada atividade não seja diretamente proibida, será que, de maneira geral, ela está de acordo com os princípios contidos nas Escrituras? Eva encontrou a resposta a suas perguntas quando leu João 17:14-16. Ela não é definida pelas coisas deste mundo, e sim por Cristo. Ser um leitor assíduo da Palavra de Deus é a melhor maneira de saber quando é hora de manter a firmeza e como mantê-la.

Da mesma forma, quando fizer isso, não se deixe envolver em questões obscuras como saber se a Bíblia proíbe as pessoas de pintar o cabelo de roxo (uma dica: não proíbe). Só porque alguma coisa é nova, esquisita ou desagradável não quer dizer que a Bíblia a condene. As orientações contidas nas Escrituras são mais do que claras (por exemplo: "Filhos, obedeçam aos pais"). Sempre comece com o que a Palavra de Deus diz.

Faça uma introspecção

Não caia na armadilha de tentar tirar um cisco do olho de outra pessoa ao mesmo tempo que ignora a viga que está em seu olho (cf. Mt 7:3-5). O desafio às normas da cultura dominante começa em sua vida e com as orientações divinas que você já conhece, mas pode estar acostumado a ignorar. Isso não significa que você tenha de ser perfeito para poder orientar outras pessoas, mas que precisa lutar sempre. As pessoas que nem mesmo tentam colocar em prática o que pregam são chamadas de "hipócritas". Não seja como elas.

Ouça sua consciência

Nossa consciência é a sensibilidade que Deus nos deu para termos a noção do certo e do errado, e, à medida que lemos e colocamos em prática a Palavra do Senhor, ela se torna mais rica e precisa para nós.

Quando você se flagra em uma situação na qual considera importante manter a firmeza, isso provavelmente acontece porque a sua consciência está ativando as luzes de alerta. Preste atenção: em 1Timóteo 4:2, o apóstolo Paulo fala sobre as pessoas cuja consciência foi "cauterizada" pela ignorância constante. A sociedade espera que os jovens se interessem por fazer as coisas que sabem ser erradas, só que eles não avaliam os riscos. Se você não consegue fazer determinadas coisas com a consciência limpa, mesmo que outras pessoas façam, então é melhor evitar.

Um ditado tradicional entre os índios navajo diz que a consciência é como um pequeno triângulo dentro do coração. Quando você sabe que está fazendo alguma coisa errada, ela se vira e fere o coração com uma de suas pontas. Mas, quando você endurece o coração e ignora a consciência, ela fica se movendo o tempo todo, desgastando suas pontas na tentativa de chamar a sua atenção. Com o tempo, o triângulo está tão desgastado que perde as extremidades e se transforma em um círculo, girando o tempo todo dentro do coração, mas em vão. Você nem consegue mais senti-lo.

Não devemos apenas ouvir a nossa consciência. O apóstolo Paulo faz um alerta sobre a importância de não fazer coisas que você sabe que podem estimular um irmão ou uma irmã a violar a própria consciência também (cf. 1Co 8). Às vezes temos de manter a firmeza pelo bem de outra pessoa, como quando a turma quer assistir a um filme que você sabe que os pais de seu amigo não querem que ele assista.

Busque conselhos de pessoas tementes a Deus

A não ser que simplesmente não tenha tempo de pedir conselhos (por exemplo, quando precisa tomar uma decisão urgente), você deve sempre procurar saber a opinião de pessoas mais experientes e tementes a Deus. Revele a elas o que você acha que a Palavra de Deus diz a respeito de determinado assunto e o que sua consciência indica. Em seguida, pergunte o que essas pessoas fariam se estivessem em seu lugar.

Seja humilde, amoroso e ousado

Sua atitude ao assumir uma postura cristã e manter a firmeza diz tanto a seu respeito quanto a própria iniciativa. As pessoas que parecem estar sempre prontas para brigar, que tratam aqueles que delas discordam com desdém ou que assumem uma atitude baseada na raiva ou em retaliação causam mais prejuízo do que bem.

Podemos (e devemos) manter nossa postura cristã com ousadia, até mesmo de maneira enérgica, se a situação assim exigir. Mas essa firmeza deve sempre ser acompanhada de humildade e amor. Devemos odiar o pecado, e não o pecador. Fora da graça de Deus, nenhum de nós pode se considerar salvo ou santificado.

Dê uma olhada na mensagem eletrônica a seguir, enviada por um rapaz que observou nossa reação aos comentários raivosos a respeito da pesquisa sobre a decência. Essa mensagem foi uma resposta não ao motivo de nossa postura, com o qual ele discordava, mas à nossa postura diante da questão. No fim, nossa atitude foi um testemunho da verdade contida no que estávamos dizendo:

> Eu só queria dizer que aprecio muito a maneira pela qual vocês, rapazes, têm lidado com o fluxo de comentários desfavoráveis. Por mais estranho que pareça, sou leitor tanto do *site* [*blog*] Rebelução quando do site que, suspeito, seja a origem de tais comentários.
>
> Fico satisfeito pelo fato de vocês estarem tratando esses comentários de maneira civilizada, sem tirá-los do ar. O contraste entre o tratamento que estão recebendo aqui e o que a maioria dos *rebelucionários* receberia lá, acredito, é muito grande.
>
> O fato de vocês, caras, estarem mantendo o alto nível é um forte testemunho dos valores cristãos. Embora eu seja liberal, favorável ao aborto, contra a guerra, um tipo mais ateísta, fiquei impressionado com a baixaria expressada na maioria dos comentários. Eu realmente fiquei muito feliz por vocês terem trabalhado com tanta civilidade e convicção daquilo em que creem.

Torne-se parte da solução, e não do problema

Não se torne conhecido por sempre ser "do contra": seja *a favor* de alguma coisa. Tente evitar a tendência de ficar apontando os problemas o tempo todo sem oferecer soluções. Assuma o objetivo de mostrar às pessoas uma maneira melhor de fazer as coisas (a maneira de Deus), e não apenas que o jeito delas está errado.

Jessica Leonard (de quinze anos), Megan Dutill (dezesseis) e Joanna Suich (dezessete) estavam cansadas da superficialidade da maioria das revistas dirigidas às jovens adolescentes — inclusive as publicações cristãs. Contudo, em vez de simplesmente ficar reclamando, essas garotas optaram por oferecer uma solução, lançando uma revista para jovens cristãs chamada *Bloom!* Elas deram um exemplo de iniciativa que cada adolescente deveria seguir.

Nosso objetivo final não é apenas ver todas as pessoas ao nosso redor deixando de fazer as coisas do jeito que o mundo faz, mas aprendendo a amar e seguir os caminhos de Deus. Podemos alcançar esse objetivo sendo embaixadores do reino, ansiosos por proclamar a bondade de Deus e permanecendo firmes na defesa do evangelho diante do mundo.

E, como *rebelucionários*, nossa postura em favor daquilo que é bom e certo hoje produzirá um impacto ainda maior do que podemos imaginar.

Se você deseja fazer isso, a hora é agora

O filme *Jornada pela liberdade* conta a história inspiradora da longa luta de William Wilberforce para acabar com o comércio de escravos no Império Britânico, mas nosso primeiro vislumbre do personagem não é o homem que circula pelas câmaras do Parlamento, que inspeciona as péssimas condições de um navio de escravos ou que se encontrava com o grupo da famosa Seita Clapham, que defendia a abolição.

Em vez disso, o diretor do filme, Michael Apted, apresenta-nos Wilberforce como um homem disposto a parar sua carruagem sob chuva e caminhar no meio da lama para impedir vários homens de espancar seu cavalo cansado. "Se vocês permitirem que ele descanse um pouco, o animal se levantará sozinho", diz Wilberforce, já encharcado, àqueles sujeitos. O objetivo de Apted é evidente: aquele homem defende os oprimidos onde quer que estejam e em qualquer circunstância, e não apenas quando está na Casa dos Lordes ou diante de alguma plateia.

Quando Martinho Lutero pregou as famosas 95 teses na porta da igreja do castelo de Wittenberg, aquela não era a primeira situação na qual ele mostrava a firmeza de suas convicções. Ele havia aprendido a confiar sua vida a Deus bem antes de ser convocado a comparecer diante do Santo Imperador Romano, quando se viu diante de duas alternativas: retratar-se ou ser rotulado com um herege, deixando, assim, de receber a proteção da lei. Ali, diante dos homens mais poderosos da época, ele afirmou: "Mantenho a minha posição. Não posso agir de outra maneira. Que Deus me ajude".

O Deus a quem Lutero orou havia sido fiel muitas vezes antes. E, mesmo que Lutero tivesse de perder sua vida, ele sabia que seu Deus continuaria sendo fiel.

Nem Wilberforce nem Lutero poderiam ter mantido sua postura cristã diante dos males e das injustiças de seu tempo se não tivessem primeiro aprendido a permanecer firmes em seu coração e diante das pessoas ao seu redor. O mesmo vale para nós.

Jesus afirmou:

> Então ele chamou a multidão e os discípulos e disse: "Se alguém quiser acompanhar-me, negue-se a si mesmo, tome a sua cruz e siga-me. Pois quem quiser salvar a sua vida, a perderá; mas quem perder a sua vida por minha causa e pelo evangelho, a salvará".
>
> Marcos 8:34-35

Em última análise, Deus é aquele que nos concede a força para permanecermos firmes em qualquer situação. Mas também devemos reconhecer que passamos a dispor de boa parte dessa graça e dessa força quando aproveitamos as inúmeras oportunidades que Deus nos concede diariamente de colocar em prática nossa confiança nele a ponto de obedecer-lhe em tudo — mesmo quando temos de pagar um preço por isso. Em certas situações muito difíceis — às vezes, em público ou até em circunstâncias perigosas — só é possível manter a firmeza de nossa fé em Deus, em parte, porque já o fizemos muitas vezes antes. Toda vez que fazemos a coisa certa em nome de Deus, exercitamos e fortalecemos nossos músculos.

Se não somos capazes de confiar em Deus agora, mesmo colocando em risco nossa popularidade no colégio, como poderemos confiar nossa vida a ele no campo missionário? Se não conseguimos assumir nossa fé agora, em sala de aula, como o faremos em um tribunal quando for necessário?

Pare um pouco e pense nas histórias e sugestões contidas neste capítulo. Em seguida, responda a essas perguntas:

- Será que existe alguma situação na qual você deveria assumir uma postura firme, mas não consegue fazê-lo?
- Será que existe alguma coisa em sua vida que você sabe ser errado, mas continua fazendo?

Se um desafio vier à sua mente, não o ignore. Dê um primeiro passo *rebelucionário*. O desafio mais difícil que você está enfrentando pode ser também o maior e mais gratificante de sua vida. Não deixe escapar essa boa oportunidade: obedeça a Deus. Não tente se convencer de que não vale a pena.

Fazer a coisa certa sempre vale a pena. Por isso, faça agora mesmo.

PARTE 3

JUNTE-SE A ESSA *REBELUÇÃO*

CAPÍTULO 10

O SURGIMENTO DE UMA GERAÇÃO

Começando do zero uma contracultura (e com uma pitada de sal)

Conner Cress era apenas um adolescente normal de quinze anos que vivia uma vida normal em um dia normal de primavera na Geórgia quando encontrou uma revista na caixa de correio de sua casa. Era uma publicação da Visão Mundial, uma organização que se concentra no combate à pobreza e seus efeitos no mundo.

Regularmente Conner chegava em casa, vindo do colégio, e subia as escadas até o quarto, carregando consigo todas as revistas novas disponíveis no balcão da cozinha. Normalmente havia várias. Naquele dia, porém, só uma.

Conner só folheava as revistas à procura dos quadrinhos ou de passatempos, mas cada página daquela revista da Visão Mundial parecia atraí-lo de maneira poderosa. Dez minutos se passaram. Depois vinte. E trinta. Uma hora depois, ele ainda estava sentado na beira da cama.

A revista era uma edição especial falando sobre a pobreza global com várias páginas repletas de fotos impressionantes. Era chocante a visão daquelas crianças com seus corpos encolhidos, mas eram seus olhos — grandes olhos vazios, nos quais era impossível distinguir qualquer centelha de esperança — que mais impressionavam. Conner não conseguia parar de pensar: será que aquelas crianças nas fotos ainda estavam vivas? Será que alguém as ajudou? Será que alguém se importa com elas?

Aquela revista levou Conner a empreender uma jornada por um mundo que ele nunca sequer imaginara que pudesse existir, um mundo onde mais de 1,1 bilhão de pessoas não tem acesso à água limpa e onde criancinhas são vítimas de desidratação a ponto de nem mais derramar lágrimas. Em seu coração, Conner dizia: "Isso não está certo!".

De repente, sua vida parecia qualquer coisa, menos normal. Sentia como se Deus estivesse apontando para ele e dizendo: "Veja como você é abençoado, Conner. Dê uma olhada em volta e veja quantas bênçãos eu proporcionei. E agora? O que você fará em relação a isso?". Àquela altura, Conner sabia que sua vida supostamente normal tinha de mudar. E isso foi há dois anos.

Uma realidade bem diferente

Você já passou por alguma experiência parecida com a de Conner naquele dia? É como atravessar uma porta e entrar em outra realidade muito diferente, maior e bem mais perturbadora do que o mundo que você ocupava antes. Sua experiência pode ter acontecido durante uma viagem missionária; ou quando você leu alguma coisa sobre o número de abortos que ocorrem nos Estados Unidos todo ano; ou ainda quando assistiu ao noticiário e viu crianças que vivem do outro lado do mundo algemadas a bancos o dia inteiro, enrolando cigarros.

É possível que algum destes pensamentos tenham passado por sua cabeça:

- Acho que não ser convidado para a festa deste fim de semana pode não ter sido tão mal negócio, afinal.
- Ontem eu joguei no lixo mais comida do que esse garoto tem para a semana inteira.
- Perdoe-me, Deus, por me preocupar tanto com coisas que não têm a menor importância!

Momentos como esses servem para colocar nossos problemas pessoais dentro de uma perspectiva mais realista. Eles também exigem uma reação. Este capítulo é sobre isso: a troca de nosso mundo "normal" e confortável por outro maior e mais real que raramente se manifesta na maioria de nossos lares. Este capítulo aborda a importância de nos concentrarmos menos na *rebelução* pessoal (os cinco tipos de coisas radicais) e focarmos a Rebelução como um movimento, uma contracultura de jovens que possuem a mesma mentalidade, cujos esforços Deus pode abençoar e que juntos são capazes de mudar a história.

Neste capítulo, queremos fazer uma pergunta muito séria e instigante: será possível que os adolescentes de hoje estejam diante de uma oportunidade única de fazer as coisas mais difíceis e radicais — não apenas em termos individuais, mas como geração? E não falo apenas de qualquer coisa radical, mas daquelas bem grandes mesmo. Reformulando a pergunta: será que nossa *safra* atual de jovens foi colocada na terra neste momento estratégico da história por uma razão especial?

Algumas pessoas olham para a nossa geração e para os desafios que temos de enfrentar com certo desespero, mas nós não fazemos isso. Em toda geração que enfrenta grandes desafios Deus levanta pessoas que o representarão para realizar a sua obra. Com frequência, esses representantes de Deus são jovens. Vemos isso nas Escrituras, em que gente jovem como José, Samuel, Davi, Josias, Jeremias, Ester e Maria foi escolhida por Deus exatamente para o período em que viveu. E essas pessoas mudaram a trajetória de nações.

Acreditamos que a mesma coisa acontece hoje. Deus está agindo, e jovens de todo o mundo estão reconhecendo isso e reagindo. Eles estão revertendo a imagem negativa e realizando coisas radicais de maneiras criativas e transformadoras.

O que acontece quando os *rebelucionários* se reúnem para tratar dos problemas de seu tempo? O que uma geração inteira é capaz de fazer quando se dá conta de que foi chamada para agir e, por isso, não deve esperar que os outros resolvam os problemas deste mundo nem usem a seu favor as oportunidades que se apresentam? O que acontece quando um jovem assume com paixão aquilo que Deus coloca diante dele e essa paixão contagia mais pessoas?

Jesus diz como é essa contracultura transformadora e que honra a Deus. Nos evangelhos, encontramos duas ilustrações verbais simples, mas poderosas, de como um grupo de discípulos de Cristo realmente é capaz de provocar um forte impacto em todo o planeta.

Operação sal e luz

Jesus diz:

> Vocês são o sal da terra. Mas se o sal perder o seu sabor, como restaurá-lo? Não servirá para nada, exceto para ser jogado fora e pisado pelos homens. Vocês são a luz do mundo. Não se pode esconder uma cidade construída sobre um monte. E, também, ninguém acende uma candeia e a coloca debaixo de uma vasilha. Ao contrário, coloca-a no lugar apropriado, e assim ilumina a todos os que estão na casa. Assim brilhe a luz de vocês diante dos homens, para que vejam as suas boas obras e glorifiquem ao Pai de vocês, que está nos céus.
>
> Mateus 5:13-16

Nessa passagem, Jesus apresenta duas imagens diferentes do que significa ser discípulo dele, mas ambas são dirigidas a todos nós. Somos sal. Somos luz. Então, o que isso quer dizer?

Quando pensamos no sal, a primeira coisa que talvez nos venha à mente é algo mais ou menos assim: "Preciso colocar um pouco mais em minha pipoca". Mas Jesus não está falando do sal como o usamos hoje. Embora o sal fosse usado para temperar o alimento durante o período do Império Romano, seu principal uso era para a conservação dos alimentos. Em um mundo sem geladeiras ou *freezers*, um pouco de sal esfregado na carne retardava o processo de deterioração.

Por isso, quando Jesus diz que somos "sal da terra", ele está dizendo que fomos colocados neste mundo para preservá-lo até a volta do Salvador; devemos lutar contra a deterioração provocada pelo pecado, combater a doença e o sofrimento e nos opormos à corrupção e à injustiça.

E quanto à luz? Para ser sincero, a primeira coisa em que pensamos foi na velha canção que aprendemos na escola dominical: "Minha pequena luz/Eu vou deixar brilhar". Há uma verdade muito simples nessa música, mas ela não é suficiente para alcançar o significado completo das palavras de Jesus. Na Bíblia, "luz" é frequentemente usada para representar a verdade, especialmente aquela que Deus revelou em sua Palavra. Essas metáforas dos cristãos como uma cidade em cima do monte ou uma candeia colocada em um lugar alto significam que, como cristãos, somos responsáveis por mostrar a verdade em nossas declarações e ações, fazendo espalhar a luz da Palavra de Deus e o evangelho ao nosso redor, em todos os cantos.

Em um discurso aos alunos da Universidade de Notre Dame, Francis Schaeffer, o grande apologista da fé, fez esta declaração muito profunda:

> O cristianismo não se constitui de uma série de verdades, no plural, e sim de uma verdade pronunciada com "V" maiúsculo. A Verdade a respeito da realidade integral, e não apenas sobre as coisas da religião. O cristianismo bíblico é a Verdade sobre a realidade integral e a noção dessa Verdade integral para que possamos viver na luz dessa Verdade.[1]

Era isso que Jesus queria dizer quando nos chamou para sermos luz. Enquanto os métodos e as filosofias seculares dominam os campos dos negócios, da educação, das artes e de outras áreas da sociedade e da cultura, somos chamados para defender as filosofias e os métodos bíblicos, fundamentados na "Verdade integral"; é isso que significa ser luz.

Em ambas as imagens, Jesus fornece um modelo que os *rebelucionários* podem seguir para exercer um impacto sobre o mundo que os cerca. Somos incumbidos não apenas de amar Deus e sua Palavra, mas também de exercer um impacto radical sobre nosso mundo, promovendo a vida e a justiça.

Juntar os conceitos de sal e luz proporciona aos *rebelucionários* da contracultura uma clara declaração de missão: somos agentes de transformação que influenciam o mundo tanto como sal quanto como luz. É o mesmo que dizer que influenciamos este mundo tanto *lutando contra* o pecado, o sofrimento e a deterioração quanto *lutando a favor* da verdade e da justiça.

E não é pouca coisa.

Ah, as coisas que a gente faz!

Há uma concepção errônea entre alguns cristãos segundo a qual, para "viver de fato para Jesus", você precisa ser pastor, tornar-se um missionário ou se casar com um dos dois. Os dois chamados são nobres e elevados, mas limitar nosso conceito de vida cristã radical, além de errado, é perigoso.

A Rebelução necessita de cristãos de todas as partes do mundo que vivam como sal e luz nos negócios, na ciência, na Medicina, no Direito, na política, nas artes e em todos os outros campos de empreendimento humano. Como disse Schaeffer, a Palavra de Deus é a Verdade para tudo o que diz respeito à vida — e nossa constituição singular como indivíduos abre espaço para uma grande diversidade dentro de uma geração que se compromete a fazer as coisas mais radicais para a glória de Deus.

A Rebelução precisa de músicos cristãos. E não estamos nos referindo apenas a bandas que falam sobre Jesus em todas as suas canções, mas aos músicos que possuem uma visão bíblica da cultura e a criatividade necessária para reconhecer áreas de deterioração espiritual e moral em nossa geração e nossa cultura; assim, podem influenciar seus ouvintes com a verdade e a vida.

A Rebelução precisa de homens de negócios cristãos. Quando usamos essa expressão, não falamos apenas de empresários que entregam

10% de sua renda como dízimo, que oram antes das reuniões de diretoria e doam dinheiro à obra missionária. Precisamos de homens e mulheres de negócios capazes de lutar por uma visão bíblica de administração e finanças, comprometidos com a integridade, que possuem um coração disposto a servir as pessoas, em vez de tirar proveito delas, que se preocupam em fazer o bem, e não pegar *atalhos* na vida, e que são inovadores no que diz respeito à conciliação entre a carreira e o chamado para serem sal e luz.

A Rebelução precisa de cineastas cristãos. Com isso estamos nos referindo não apenas a pessoas que produzem filmes que incluem um convite evangélico, mas a contadores de histórias com uma cosmovisão bíblica e que sabem como usar o poder da narrativa para tratar das questões decisivas da vida com a verdade da Palavra de Deus.

Esses são apenas três exemplos entre muitos casos. Uma contracultura cristã rica pode lutar contra a pobreza, curar as doenças e expor a corrupção ao mesmo tempo que combate com zelo o pecado e as trevas espirituais que estão na raiz de todo tipo de sofrimento. Uma geração de *rebelucionários* escreve livros, dirige filmes, orienta e treina as crianças, projeta prédios, chefia escritórios e faz descobertas científicas. Ela se empenha em revelar a verdade da Palavra de Deus e do evangelho em todas as áreas da vida.

Os três pilares

Você deve ter notado que pulamos um claro alerta contido nas palavras de Jesus: "... se o sal perder o seu sabor, como restaurá-lo? Não servirá para nada, exceto para ser jogado fora e pisado pelos homens" (Mt 5:13).

"... jogado fora e pisado..." são palavras muito graves. Quando lutamos *contra* o pecado, o sofrimento e a corrupção e *a favor* da verdade e da justiça, quais os fatores que podem reduzir a nossa eficácia. O que poderia desviar o foco da glória de Deus para nossas falhas? O que poderia levar o mundo a concluir que não servimos mais para nada?

Achamos que a resposta pode ser encontrada naquelas três valiosas e poderosas palavras que você já viu em várias partes deste livro. Elas são tão importantes, de fato, que podemos considerar esses três valores os pilares da Rebelução: caráter, competência e colaboração.

Ser sal e luz é o objetivo dos *rebelucionários*, mas os três pilares constituem a maneira de alcançarmos essa meta. Tomado separadamente, cada um tem seu mérito, com certeza, mas só quando os três funcionam juntos é que podem gerar uma contracultura eficaz e sustentável.

Pense um pouco em quantos líderes cristãos, quantas organizações e quantas causas perderam a credibilidade depois de passarem por uma série de fracassos constrangedores. O motivo mais frequente para esses fracassos é a tentativa de alcançar um objetivo sem levar em conta um ou mais desses pilares. Por exemplo:

- Um pastor é ótimo orador e líder, mas não se sai bem quando tem de aplicar a verdade do evangelho em sua vida pessoal. Ele tem competência, mas não tem caráter.
- Uma equipe de missionários trabalha duro para ajudar as pessoas necessitadas, mas lhe falta uma coordenação que lhe permita realizar tanto quanto pode. Essa equipe tem caráter, mas não há colaboração entre seus membros.
- Para dar início a um novo negócio, são convidados alguns dos melhores e mais jovens engenheiros da indústria, mas um plano de desenvolvimento mal desenvolvido e limitações de orçamento levam aquele empreendimento promissor a uma interrupção repentina. Essa organização dispõe de um espírito de colaboração, mas lhe falta a competência.

Nossa visão para a Rebelução é ver essas três qualidades reunidas em uma nova geração — gente jovem que se entrega de maneira apaixonada ao desenvolvimento da imagem de Cristo em si e na divulgação do evangelho (caráter), que se preocupa profundamente com capacidades, estratégias e criatividade (competência) e que assume um compromisso de se identificar e trabalhar com uma comunidade de *rebelucionários* (colaboração) com o objetivo de proporcionar esperança e cura a um mundo perdido e sofredor.

Só isso já é motivo para muito entusiasmo. Mesmo assim, outras gerações tinham o mesmo objetivo, porém se revelaram ineficientes; em alguns casos, a própria causa foi prejudicada por causa da incompetência. Muitos pastores, cineastas, escritores, políticos, empresários, artistas e líderes cristãos fracassaram, a despeito das boas intenções que tinham.

Ainda mantemos a nossa confiança porque vemos os *rebelucionários* que não só estão dispostos a *fazer* a diferença, como também se preparam para *ser* a diferença. Eles se lembram do que Jesus disse: "Assim brilhe a luz de vocês diante dos homens, para que vejam as suas boas obras e glorifiquem ao Pai de vocês, que está nos céus" (Mt 5:16).

Rebelucionários sabem que a competência é muito importante para os cristãos porque a vida cristã é uma vida de ação, e nossas ações devem resultar na glória de Deus. Eles entendem que o nível de competência que deve pautar as boas obras para as quais Deus nos chamou será fator determinante para a reação do mundo que nos rodeia. Eles se recusam a aceitar a mentira de que nossa vida cristã deve ser vivida na clausura dos templos ou guardada em casa quando saímos para o trabalho ou para um encontro com os amigos.

E vemos *rebelucionários* demonstrando humildade de caráter, zelo pela colaboração, trabalhando juntos para realizar objetivos ainda maiores do que poderiam fazer sozinhos, inspirando e incentivando uns aos outros, reunindo vários talentos e recursos e se valendo da tecnologia moderna para alcançar vidas em todo o planeta. Vemos jovens trabalhando juntos para lançar empreendimentos, organizações e ministérios, embora morem em Estados, países ou mesmo continentes diferentes.

Esperamos que o potencial e o poder do caráter, da competência e da colaboração sejam tão empolgantes para você quanto são para nós. Contudo, é possível que você se sinta desestimulado por não ver os três pilares funcionando em sua vida. Não fique assim.

A verdade é que equilibrar sua vida sobre esses três pilares exige trabalho constante e atenção redobrada. E a boa notícia é que a maneira mais garantida de formar o caráter e desenvolver a competência é fazer as coisas radicais. Além disso, a melhor forma de atrair as pessoas para participar de um esforço comum é lidar com alguma coisa radical e tão grande a ponto de ser impossível realizá-la sozinho.

Caráter, competência e colaboração são os meios pelos quais a nossa geração pode cumprir seu chamado para ser sal e luz em vez de ser "jogada fora e pisada". Agora que temos um panorama da contracultura da Rebelução à mão, vamos dar uma olhada no restante da história de Conner.

Tempo de transformar o mundo

Durante todo o resto da primavera, Conner não conseguia parar de pensar naquela revista e nas fotos que haviam tomado conta de sua atenção. Toda vez que bebia um copo de água fresca e limpa, ele pensava naquelas crianças africanas que caminhavam milhas todos os dias para encontrar uma porção equivalente de água suja. Sempre que jogava fora o excesso de comida por estar satisfeito e não querer mais, ele se lembrava daqueles corpos magérrimos de gente que nunca podia se alimentar com dignidade.

Ao longo de todo o verão, Conner orou, pedindo a Deus que mostrasse como ele poderia ser útil. Mas o verão passou, e a resposta não chegou. Por fim, uma ideia simples lhe veio à mente: "Por que não faço pulseiras e as vendo para usar o dinheiro na construção de poços de água na África?".

A princípio, a ideia parecia ridícula. Ele não imaginava quanto custava a construção de poços. Mas, quando seu projeto começou a dar certo, Conner percebeu que era Deus quem estava agindo.

Depois de fazer todos os planos, ele não demorou muito para colocá-los em prática. Conner sabia que precisava de ajuda, por isso compartilhou sua visão com quatro amigos: Dan Mirolli, Jared Ciervo, Kyle Blakely e Logan Weber. Todos toparam imediatamente. Kyle tinha dezessete anos, Dan havia acabado de completar dezesseis e os demais tinham quinze. Todos chegaram à conclusão de que tinham a idade perfeita para mudar o mundo. Eles juntaram o dinheiro que tinham para fabricar o primeiro lote de pulseiras. Em seguida, visitaram igrejas e escolas para angariar dinheiro para a construção dos poços e falar a respeito da necessidade de água limpa.

Eles deram um nome para a organização: Dry Tears [Lágrimas Secas; visite o *site* oficial: *www.drytears.org*].

Quando conhecemos esses meninos, durante nossa conferência da Rebelução na cidade de Denver, em 2007, eles haviam acabado de voltar de uma entrevista que concederam à revista *Breakaway*, publicada pela organização Focus on the Family, sediada em Colorado Springs. A reportagem fazia parte de uma série chamada "Transformadores do mundo do ano".

Eles nos contaram que, durante o ano anterior, haviam falado a milhares de pessoas a respeito da necessidade de água limpa em todo o planeta. Eles tinham vendido mais de 3,5 mil pulseiras e diversificaram as atividades, passando a comercializar camisetas e garrafinhas de água também. Contando tudo, eles levantaram mais de vinte mil dólares, e mais de 90% da receita estava relacionada à venda a adolescentes. Eles viam como sua geração havia assumido, com paixão, a responsabilidade de ajudar as populações oprimidas pela pobreza.

Quando conversamos, eles já haviam arrecadado o valor suficiente para a construção de quatro poços na África, além de um sistema de irrigação que garante o fornecimento de água às pessoas e ao gado, em um trabalho de colaboração com a organização Blood:Water Mission [Missão Sangue: Água], fundada por Dan Haseltine, do grupo de música cristã Jars of Clay. De acordo com as estimativas desse grupo, o trabalho da Dry Tears garantiu o fornecimento de água limpa a mais de vinte mil pessoas, salvando centenas de vidas.

Mas esses cinco jovens não descansam sobre os louros do que conseguiram realizar até agora, e já procuram maneiras de potencializar o impacto de seu trabalho, fundando divisões da Dry Tears em várias partes da América do Norte, sempre dirigidas por estudantes.

Você tem alguma ambição santa?

Para algumas pessoas os rapazes da Dry Tears não passam de um bando de garotos. No entanto, o desejo de ver sua geração sendo sal e luz para um mundo sofredor permitiu que eles, como adolescentes, exercessem um impacto ainda maior do que a maioria das pessoas consegue a vida inteira. A diferença não está em algum dom especial; são apenas uns caras normais que ainda se sentem intimidados toda vez que precisam falar em público. A diferença é que eles possuem uma ambição santa.

John Piper, pastor e escritor, define ambição santa como algo que se deseja muito, muito, *muito* fazer — e Deus também quer que você faça.[2] Algumas pessoas podem chamar isso de "paixão", mas se trata de uma paixão sob o senhorio de Jesus Cristo. Qual é a sua ambição santa?

No início deste capítulo, falamos sobre a importância de abrir o coração e a mente para uma realidade nova e bem maior. Que tipo de questões, pensamentos e ideias malucas lhe passaram pela mente enquanto lia? Será que Deus começou a colocar uma paixão dentro de seu coração, instigando-o a agir em uma escala mais ampla — fazer coisas radicais que podem envolvê-lo no cerne da contracultura cristã que chamamos de "Rebelução"?

Se isso aconteceu, você está em uma situação muito interessante. Assimilar esse tipo de paixão pessoal pela primeira vez costuma ser uma das principais formas de transição entre a infância e a vida madura. Pense em sua ambição santa como uma paixão do tamanho do mundo colocada sob o senhorio de Jesus Cristo. Abra o coração para esse mundo de Deus em toda a sua beleza violada, orando para que o Criador mostre como você pode ser sal e luz no meio disso tudo. Ele responderá, com certeza.

No próximo capítulo, veremos o que Deus fez na vida de sete outros *rebelucionários* da vida real — um aperitivo de um movimento que cresce a cada dia.

CAPÍTULO 11

MIL JOVENS HERÓIS

Histórias de novos começos, de desafios impossíveis, e dos adolescentes que as estão vivendo

Olhando dos bastidores, o adolescente Zach, de quinze anos, viu e ouviu quando David Crowder liderou quinze mil pessoas que assistiam a um concerto em uma sessão de cânticos de adoração. O local: Del Mar Fairgrounds, na ensolarada Califórnia. Para Zach, o mar de gente parecia se estender até o horizonte. As pessoas cantavam. Batiam palmas. Dançavam em celebração, as mãos erguidas enquanto ofereciam louvor a Deus. Zach ouviu, em grande parte, porque se apresentaria logo depois da banda de David Crowder.

"Astros do rock usam esse palco", ele pensou. "Alunos do Ensino Médio com um histórico de surtos de ansiedade e aversão ao risco não usam. Não devem. Não podem."

Zach murmurou: "Acho que não consigo subir nesse palco". Suas palavras, porém, se perderam no meio de todo aquele alvoroço de louvor, e ninguém as ouviu.

Ao longo deste livro, perguntamos o que aconteceria com nossa geração se começássemos a colocar em prática os princípios da Rebelução. A verdade é que, em vários aspectos, ela já está acontecendo. O movimento está crescendo; uma contracultura está surgindo. E, como você verá daqui a pouco, Zach Hunter é um de seus líderes. É claro que ele não se considera como tal. E, como você provavelmente depreendeu da cena narrada na abertura deste capítulo, Zach *não* está fazendo o que seria mais fácil para ele. Está fazendo somente o que Deus deseja que ele faça: perseguindo com paixão sua ambição santa. Sim, tem sido difícil, mas Zach agora se vê no coração de um movimento que está mudando o seu e o nosso mundo. E ele não voltaria atrás, mesmo que lhe fossem oferecidos todo o conforto e toda a facilidade do mundo.

Zach não está sozinho. Milhares de jovens cujos exemplos desafiam rótulos ridículos como "comum" ou "excepcional" estão criando uma série de novas expectativas. Eles são rebeldes orientados por um novo tipo de rebelião.

Zach Hunter: um herói improvável

Quando tinha doze anos, Zach Hunter teve de confrontar um fato doloroso: 27 milhões de pessoas em todo o mundo ainda viviam sob escravidão. E metade delas era composta de crianças.

O encontro chocante que Zach teve com aquela realidade se transformou em uma campanha contra a escravidão moderna que levou aquele adolescente de fala mansa dos subúrbios de Atlanta aos palcos principais dos maiores festivais de música cristã dos Estados Unidos... e além.

Zach recorda:

> Era o Mês da História da Negritude. Eu vinha estudando a respeito de pessoas como Frederick Douglas e Harriet Tubman, e pensava: "Cara, se eu tivesse vivido naquela época, teria feito alguma coisa para ajudá-los. Teria tentado acabar com a escravidão e lutado contra a injustiça". E aí, quando eu me dava conta de que ainda havia muito trabalho a fazer, entendia que não era possível andar por aí esperando que outra pessoa fizesse alguma coisa a respeito.

É por isso que, três anos antes de assistir a David Crowder em estado de graça, Zach lançou uma campanha chamada Loose Change to Loosen Chains (LC2LC), [Trocados perdidos para quebrar algemas], cujo objetivo era arrecadar dinheiro e incentivar as pessoas a lutarem contra a escravidão atual. O conceito era simples: incentivar outros adolescentes a se engajarem e entregarem os trocados que encontrassem, a fim de encaminhá-los a organizações envolvidas no trabalho de libertação de escravos ao redor do mundo.

Por que os trocados perdidos? Por que há, literalmente, toneladas de moedas escondidas entre almofadas de sofás, no estofamento dos bancos dos carros e em gavetas de roupas. Zach gosta de citar um estudo impressionante divulgado pela revista *Real Simple* que estima em aproximadamente 10,5 bilhões de dólares o valor total em trocados perdidos nos lares dos Estados Unidos. Veja bem, 10,5 bilhões![1] A família Hunter encontrou quase duzentos dólares em sua casa.

LC2LC começou na igreja e no colégio de Zach, arrecadando quase dez mil dólares logo no início. Para ele, porém, aquele projeto não podia acabar ali. "Em Isaías 1:17, Deus nos incumbe de resgatar os oprimidos e os órfãos, além de defender as viúvas", ele diz. "Não há como ser mais objetivo. Trata-se de uma convocação divina para entrarmos em ação." Zach explica:

> Se você tem um amigo que gosta de praticar *snowboarding*, você o acompanha nessa atividade e o relacionamento se fortalece. Bem, Deus ama a justiça. Por isso, se você buscar a justiça com Deus, passará a conhecê-lo melhor por se envolver em alguma coisa com a qual ele se importa muito.

Não demorou muito para Zach ser selecionado para se tornar o estudante porta-voz global da campanha Amazing Change [Mudança Extraordinária], lançada de maneira coordenada com o filme *Jornada pela liberdade*, sobre William Wilberforce. Assim, a LC2LC se espalhou por Austrália, Reino Unido e África. A cada etapa, Zach se convencia mais e mais de que Deus pode usar qualquer pessoa para fazer diferença.

"A maioria das pessoas não sabe que lutei contra um distúrbio de ansiedade quase até a época em que comecei a falar em público sobre a escravidão", relata Zach. "Quando esses surtos ocorriam, eu começava a me sentir paranoico, tinha dificuldade para respirar ou ficava extremamente enjoado." Às vezes, esses sintomas eram tão fortes que ele tinha de deitar e esperar até que aliviassem. Eles roubavam a tranquilidade de Zach e quase acabavam com sua confiança.

Ao olhar para a multidão imensa no festival de música, Zach sentiu aqueles velhos temores voltarem. David Crowder estava encerrando sua participação. Estava na hora de Zach entrar no palco. "Será que posso mesmo falar diante de quinze mil pessoas?"

Voltando-se à mãe, ele repetia:

— Acho que não posso subir ali!

Para sua surpresa, ela respondeu:

— Tudo bem. Então não suba.

Por um minuto, foi grande o conflito no coração daquele adolescente assustado de quinze anos. Foi então que ele se levantou e disse, com convicção:

— Não. Tenho de ir. Se eu não falar, ninguém mais o fará.

Com a mãe orando, Zach subiu no palco. Cinco minutos depois, ao seu sinal, toda a plateia explodiu em um grande clamor por dignidade e justiça a favor de todos aqueles que não podem erguer a voz: "L-I-B-E-R-D-A-D-E!", esse foi o grito de quinze mil vozes.

Zach havia descoberto uma causa maior do que o seu medo.

Até que ponto essa ambição santa de Zach pode levá-lo? Só o tempo poderá dizer. Até agora, ela transformou um garoto que sofria de surtos de ansiedade em um adolescente de dezesseis anos que conseguiu falar diante de mais de meio milhão de pessoas em vários eventos, apareceu em rede nacional de televisão em muitas oportunidades, escreveu dois livros — *Be The Change* [Seja um fator de mudança] e *Generation Change* [Geração mudança] — e até fez discurso na Casa Branca.

Talvez seja por isso que Zach goste tanto das histórias do Antigo Testamento em que Deus escolhe as pessoas mais improváveis para fazer a sua obra — gente como Davi, o caçula entre os filhos de Jessé; Jeremias, um profeta tão jovem que nem fazia a barba (tudo bem, exagerei); ou Maria, a garota do interior escolhida para ser a mãe de Jesus Cristo.

"Meu sonho é ver o fim da escravidão em meu tempo",[2] diz Zach, que prossegue citando uma frase do jovem político britânico William Pitt no filme *Jornada pela liberdade*: "Somos jovens demais para saber que certas coisas são impossíveis, por isso nós as faremos, de qualquer maneira".

E, pelo fato de Deus continuar interessado em escolher heróis improváveis para realizar seus grandes planos, a missão impossível de Zach, a de transformar o mundo, já começou.

> Podemos fazer a diferença na vida dos escravos. Não importa quão jovens sejamos. Não importa se temos limitações de ordem física, mental ou emocional. Não importa a cor de nossa pele ou de onde viemos. Qualquer pessoa pode fazer a diferença e ser uma voz a favor daqueles que não têm quem os defenda. Qualquer pessoa pode ser um fator de mudança.
>
> Zach Hunter, dezesseis anos

Jazzy Dytes: uma pequena voz e um mundo imenso

Desde o fim do Ensino Fundamental até o Ensino Médio, Jazzy Dytes ganhou fama como uma das mais brilhantes mentes jovens da cidade de Davao, uma das maiores das Filipinas. Ela era sempre a principal representante da escola nas competições intercolegiais, e sempre vencia. Era a escritora, a oradora, a jornalista, a debatedora e a especialista em Matemática. Enquanto a terra girasse, Jazzy estaria ali, pronta para ganhar prêmios e receber elogios. Era uma pessoa famosa; era uma pessoa grandiosa; ela tinha tudo... e isso aos quinze anos.

Quando os holofotes brilharam, Jazzy se convenceu de que a única coisa que ela não tinha era a liberdade em relação ao controle dos pais. Ela tinha uma cérebro e acreditava que poderia viver de modo independente. Sua oportunidade chegou quando recebeu uma bolsa de estudos completa, mais uma permissão para morar dentro da Universidade das Filipinas, a instituição de maior prestígio do gênero no país. Apenas uma semana depois de fazer dezesseis anos, Jazzy já estava no *campus*. Ela estava livre.

Logo Jazzy se uniu a uma irmandade sem o conhecimento dos pais. Suas novas amigas a conduziram ao ativismo político e a uma rede de organizações clandestinas. Ela passou a protestar nas ruas, participando de manifestações contra o sistema, condenando a repressão e denunciando a cultura comercial. Aprendeu a ser rebelde por seu país e lutar por algo que nem mesmo conseguia entender. Mas aquela era a ideia que tinha do que significava manter a convicção em nome de sua geração: rebelião. E ela se sentia muito orgulhosa disso.

Completamente livre do controle dos pais pela primeira vez na vida, Jazzy se entregou a todos os seus desejos. Logo arranjou um namorado — mais uma vez, sem que os pais soubessem. Daryll era aquele tipo de pessoa que só se vê "uma vez na vida", e eles prometeram se amar para sempre. Com sua generosa bolsa de estudos, tudo parecia estar ao seu alcance com facilidade. Ela estava feliz com o namorado. Estava feliz com as coisas que fazia. Estava feliz com sua rebeldia. Tinha tudo o que queria e sob controle. Foi então que, apenas dois meses depois de ingressar na universidade, seu mundo "perfeito" caiu.

Jazzy Dytes desapareceu.

Em 25 de setembro de 2006, foi declarada "aluna desaparecida" pela universidade e pela polícia, depois de uma busca por toda a região. Logo surgiram os rumores de que Daryll também havia desaparecido. Quando o casal finalmente reapareceu, havia perdido as provas finais e a imagem dos dois foi muito prejudicada. Àquela altura, porém, Jazzy não se importava.

"Eu estava completamente cega por causa de minha rebeldia", ela conta. "Estava fora de mim."

Seus pais preocupados a aceitaram de volta de braços abertos, mas Jazzy ainda os considerava seus maiores inimigos. Continuou a agir sem o conhecimento deles, escondendo o fato de que suas notas estavam cada vez piores porque ela *matava* aulas para participar de manifestações e se encontrar com Daryll, um relacionamento que os pais haviam proibido. Quando eles finalmente pediram os boletins da filha, ficaram chocados com o que descobriram.

A filha brilhante estava se saindo mal em todas as disciplinas, a não ser as favoritas: Trigonometria e Química. Jazzy deixou de ser uma das melhores estudantes da universidade para se tornar uma das piores. Incapaz de esconder a verdade por mais tempo, Jazzy começou a chorar e confessou tudo. Os pais imediatamente a tiraram da universidade e a levaram para casa. Ela já não era mais aquele modelo de comportamento dos tempos do Ensino Fundamental.

Com seu futuro aparentemente despedaçado, Jazzy entrou em uma profunda depressão. Ela estava convencida de que ninguém jamais poderia perdoar-lhe pelo que havia feito, e jamais se perdoaria. Ela deixou de ser uma pessoa a quem todos admiravam e se transformou em alvo de fofocas. Tentou cometer suicídio, mas o irmão a impediu a tempo. Depois disso, mal conseguia se ver no espelho.

Um dia, depois de quase um mês de isolamento, Jazzy recebeu uma visita da filha do pastor. A conversa foi se desenvolvendo até chegar a Deus. A filha do pastor a convidou para visitar a igreja e deixou com ela alguns materiais de leitura cristãos, além do *link* de um *site* chamado *TheRebelution.com*. Mais tarde, Jazzy abriu a primeira revista e leu as seguintes palavras: "É possível se preocupar tanto com o que aconteceu ou ser tão absorvido pelo que está acontecendo que não conseguimos prestar atenção naquilo que Deus fará por nós".

Jazzy começou a ler a Bíblia. Dois dias depois, escreveu um texto no diário que havia abandonado. O título era: "Deus me ama". Foi a partir daí que seu sorriso começou a voltar. Ela não apenas se perdoou como entendeu que Deus a havia perdoado também. Ela descobriu a liberdade que vinha procurando o tempo todo. E que só era possível por intermédio de Jesus Cristo. Dez dias antes de completar dezessete anos, com seu currículo reduzido a zero e fora do centro das atenções, Jazzy Dytes tinha de escrever seu novo futuro. Mas ela não era mais uma rebelde. Agora era uma *rebelucionária*.

Como nunca fora uma pessoa que deixasse as coisas pela metade, Jazzy se entregou à missão de falar do amor de Cristo com a mesma paixão que a dominava quando participava de manifestações e protestos. Ela se comprometeu a usar os dons que recebeu de Deus somente para servi-lo e segui-lo. Em um espaço de dois meses, já trabalhava como voluntária para duas organizações não governamentais como defensora dos direitos da criança, lidando com membros de gangues, garotas exploradas sexualmente e vítimas infantis de abuso. A rebelde sem causa agora tinha uma santa ambição. A ativista raivosa se tornou uma defensora amorosa.

Em uma mensagem eletrônica enviada recentemente, Jazzy nos perguntou:

> Como fazer para abordar o membro de uma gangue e estabelecer um diálogo? Como fazer para curar a alma de uma jovem explorada sexualmente? Para mim, não tem jeito. Simplesmente não consigo. Tenho medo de fazer contato com eles. Não posso sequer olhar nos olhos deles. Se fosse por mim, eu diria: "Não, Senhor, obrigado. Pode procurar outra pessoa para fazer isso". Mas é Deus quem me pede para fazer isso. Ele me concedeu o desejo de ver esses jovens rendendo a vida a Cristo. Será que vou recusar o chamado de Deus por causa de meu medo e de meu orgulho? Esses jovens precisam tanto de esperança quanto eu precisava.
>
> Nunca deixarei de buscar os jovens que ainda não conhecem Deus. Nunca deixarei de persegui-los para ganhá-los para Cristo. Acredito que Deus me capacitará com a força e o espírito certo. Bem no fundo de meu coração flui o DNA de um *rebelucionário*.
>
> Embora eu seja apenas uma garota — uma pequena voz em um mundo imenso —, acredito que posso fazer coisas grandiosas para a glória de Deus. Sou apenas uma serva humilde, pronta para enfrentar qualquer desafio que meu Mestre colocar em minha vida.
>
> Jazzy Dytes, dezessete anos

Britanny Lewin: um chamado mais elevado do que a política

Quando Brittany Lewin, de dezessete anos, resolveu frequentar um café da manhã comunitário no condado de Weld, no Colorado, em julho de 2006, não fazia a menor ideia de que se tornaria a coordenadora de campanha de um ex-congressista dos Estados Unidos.

Aquele café da manhã contou com a presença de Bob Schaffer, um republicano que concorria à reeleição para a Secretaria Estadual de Educação.

Depois de ouvir o discurso de Schaffer, Brittany o procurou e perguntou se poderia fazer alguma coisa para ajudá-lo em sua campanha. Nunca, em um milhão de anos, ela poderia prever a reação do político. "Quer coordená-la?", ele perguntou.

Depois, a caminho de casa, o humor de Brittany se alternava entre a surpresa ("Será que ele estava mesmo falando sério?") e o choque ("Não tenho a menor ideia de como se faz isso"). Assim que chegou em casa, Brittany enviou uma mensagem eletrônica a Schaffer para ter certeza de que ele queria, de fato, uma adolescente para gerenciar sua campanha. A resposta do político foi imediata. Sim, ele desejava uma equipe liderada por jovens. Estava mesmo falando sério.

Uma hora depois, Brittany estava na biblioteca, procurando livros que falassem sobre campanhas políticas, vasculhando a internet e procurando materiais de campanhas. Ela não tinha a menor noção daquilo em que estava se envolvendo, mas acreditava que aquela era uma porta que Deus estava abrindo, e estava determinada a entrar.

Um encontro de planejamento posterior com o candidato Schaffer serviu para esclarecer vários pontos. Primeiro, seria uma equipe de campanha totalmente formada por jovens; duas amigas de Brittany, Rachael (dezenove anos) e Jenna (dezessete), também se uniriam à equipe como coordenadora voluntária e assessora de imprensa, respectivamente. Segundo, todas tratariam o chefe como "Bob" ("Ainda parecia muito esquisito", conta Brittany). Terceiro, Brittany seria a coordenadora de campanha, o que significava assumir um trabalho de tempo integral.

Os projetos imediatos da campanha incluíam o arquivamento do material do candidato, lançar um *site* e elaborar os folhetos de campanha. Considerando que nenhum dos adolescentes tinha experiência no gerenciamento de campanhas políticas, quase tudo quanto fizeram constituía uma forma de aprendizado — empolgante, é verdade; mas, ao mesmo tempo, assustadora. O papel que Brittany desempenhava, por exemplo, exigia que ela representasse a equipe de campanha em vários eventos, falando em público sobre Bob Schaffer e atualizando as informações sobre ele em eventos políticos. Ela era responsável por se manter a par de todos os detalhes da campanha, desde o saldo bancário até a agenda do candidato.

Ao olhar para trás, Brittany ri da incrível variedade de atividades envolvidas em seu trabalho:

> Supervisionei a campanha na internet, fiz o roteiro dos *spots* da campanha no rádio, escrevi cartas para levantamento de fundos, atendi a um bilhão de telefonemas, respondi outro tanto de mensagens eletrônicas, fiz entrevistas para o rádio e os jornais e até apresentei um programa de rádio ao lado de outros dois membros da equipe jovem de campanha. Eu tinha *mesmo* que cuidar de uma coisa de cada vez, um dia de cada vez.

Como se lidar com todas essas novas atividades não fosse suficiente, Brittany também tinha de enfrentar o ceticismo por causa de sua idade. Enquanto muitas pessoas apoiavam a ideia de uma campanha coordenada por jovens, outras duvidavam abertamente que uma garota de dezessete anos pudesse administrar uma iniciativa assim dentro de uma região do tamanho do Estado de Indiana e com um orçamento de 55 mil dólares.

"Houve momentos em que pensei que seria impossível", admite Brittany, "mas Bob realmente acreditava que eu seria capaz de fazer aquilo, e me dizia isso todo dia. O mais importante é que eu sabia que Deus me daria tudo quanto eu precisasse para completar aquele trabalho. Era ele quem havia me concedido".

Uma das tarefas mais difíceis da equipe era distribuir 85 mil exemplares do boletim de campanha, o *Bob Schaffer Education Times*. O jornal, escrito por estudantes, incluía histórias de campanha, artigos a respeito da experiência de Bob, relatórios sobre o histórico e as atribuições da Secretaria Estadual de Educação e dúzias de fotos de adolescentes participando da campanha.

"Ninguém consegue imaginar como 85 mil é um número grande até ter de descarregar essa quantidade de jornais de um caminhão", diz Brittany, sorrindo. "Você precisava ver a cara da minha família quando cheguei em casa certo dia com 25 mil boletins de campanha que precisava guardar em algum lugar."

Conforme se aproximava o dia da eleição, a campanha se tornava mais intensa. Os dias de trabalho se estendiam por mais de quatorze horas. Na sede do comitê de campanha, todo mundo dormia pouco. Brittany se lembra de ter dito à mãe, certa noite: "Há quatrocentos mil eleitores na região, e o meu trabalho é assegurar que todos votem em Bob Schaffer". Ela estava brincando. Quer dizer, mais ou menos.

Dois meses e meio depois do café da manhã no condado de Weld, chegou o dia da eleição, e os céticos receberam a resposta que mereciam: a campanha de Bob Schaffer, toda coordenada por jovens, o levou a uma vitória incontestável com 57% dos votos. O dia da vitória foi 7 de novembro de 2006.

Olhando para trás, Brittany fica impressionada com o que foi capaz de realizar. No fim das contas, porém, ela não considera esse um feito tão notável. "Muita gente, até mesmo os senadores e deputados dos Estados Unidos, disse que fiz algo especial, mas acredito que outros adolescentes são capazes de fazer o que fiz e outras coisas bem mais radicais."

Será que Brittany possui algum arrependimento em relação à maneira pela qual viveu os anos de sua adolescência? Será que ela se sente como se tivesse perdido tempo por não se divertir tanto quanto poderia? (Uma dica do autor: não faça essa pergunta a Brittany a não ser que queira ouvir uma resposta muito franca.)

"Quem foi que disse que fazer as coisas radicais não é divertido?", ela pergunta, achando graça. "Pelo contrário, eu sinto falta de não ter feito *mais* coisas radicais. Nós encontramos mais alegria em fazer aquilo que Deus nos chamou para fazer do que passando horas no *shopping* ou no cinema."

Brittany considera as oportunidades que teve de trabalhar com a política como um testemunho do plano maravilhoso de Deus concedido por ele a todas as pessoas, desde que estejam dispostas a segui-lo aonde ele as guiar, seja qual for o preço que tenham de pagar por isso.

"A visão que tenho para o restante de minha vida é entregar todos os dias a Deus", Brittany nos contou ao telefone. "Não sei o que meu futuro reserva, mas sei quem o controla." A curto prazo, seu futuro inclui mais envolvimento com a política. Ela recebeu um convite do comitê de campanha de um dos principais candidatos à presidência.

"Se eu pudesse imaginar o meu futuro...", ela diz, fazendo uma pausa. Em seguida, como se fosse tomada por um impulso de confiança, aquela garota de dezoito anos prossegue: "... ele seria como uma casa cheia de crianças, uma delas em meu colo enquanto seguro o telefone e discuto com algum coordenador de campanha como deve ser o conteúdo do próximo boletim do candidato".

Ela ri. Agora que começou, ela não quer mais parar.

> Por mais que eu adore a política e o clima das campanhas, não conseguiria encontrar um simples emprego na área que pudesse se comparar à alegria e à satisfação proporcionadas pela obediência ao chamado especial de Deus para ser uma esposa e uma mãe dedicada. Campanhas são vencidas e perdidas; as eleições acontecem o tempo todo. Só depende de mim participar disso ou não. O mais inspirador para mim é pensar em *rebelucionários* no mundo inteiro envolvidos em contracultura, temendo a Deus, lutando contra a desvalorização

> dos jovens que estão o tempo todo fazendo coisas radicais para a glória de Deus.

No fim, as palavras tocantes de Brittany — e não suas realizações políticas impressionantes — são o que há de mais contracultural.

> Acredito que as portas que Deus me abriu e as lições que me ensinou por intermédio da política estão apenas me preparando para ser a esposa e mãe que ele deseja ver em mim. Sair da condição de coordenadora de campanha política para coordenadora do lar me parece algo grandioso. Ser esposa e mãe é um chamado mais elevado do que a política.
>
> Brittany Lewin, dezoito anos

Leslie e Lauren Reavely: levando esperança às ruas

Às cinco e meia da manhã, Leslie e Lauren Reavely pularam da cama, acordadas com o som dos alarmes de incêndio, das bombas de gás e dos bombeiros voluntários. "Todo mundo pegue apenas o saco de dormir e os calçados!", gritaram os responsáveis pelo resgate. "Agora somos refugiados! O prédio pegou fogo e vocês precisam sair imediatamente!" Não havia um incêndio de verdade, como as garotas logo perceberam. No entanto, enquanto as irmãs e mais cinquenta estudantes saíam do prédio e corriam para um campo nas proximidades, ficava cada vez mais fácil se imaginarem como verdadeiras refugiadas.

Leslie e Lauren (de catorze e onze anos, respectivamente) estavam participando de um programa de verão no lago Trout, em Washington, organizado pela WorldVenture. A cada ano, um acampamento é incumbido de oferecer aos jovens um gostinho do que é a vida missionária. O objetivo é mostrar aos estudantes que Deus deseja usá-los para suprir as necessidades físicas e espirituais de pessoas em todo o mundo. No caso de Leslie e Lauren, o plano deu certo.

Durante um dia e meio elas tiveram de viver em um campo de refugiados provisório. Todos tiveram de procurar pedaços de amendoim espalhados entre a grama e bananas presas às árvores. Eles construíram abrigos usando encerado de caminhão e caixas de papelão que recolheram de um depósito de lixo nas imediações. Ninguém sabia o que aconteceria em seguida, mas não havia quem se preocupasse muito com isso. Afinal de contas, aquele era um acampamento missionário.

Ao fim do primeiro dia na condição de refugiados, os estudantes foram instruídos a fazer uma fila para receber caixas de sapatos da Operação Natal da Criança que havia sido "enviada por avião pelos Estados Unidos". As caixas continham itens simples, como pasta e escova de dentes, um sabonete e uma garrafa de água.

Alguns dias depois, Leslie e Lauren estavam de volta à sua casa com ar-condicionado em Portland, no Oregon, descansando em suas camas quentinhas e saboreando as coisas guardadas na geladeira. O acampamento, porém, havia produzido uma mudança notável naquelas meninas. Elas não conseguiam se esquecer de como havia sido boa aquela noite em que puderam escovar os dentes e lavar as mãos. As duas tinham vivido apenas um dia e meio como refugiadas. E quanto às pessoas que vivem daquele jeito durante meses ou mesmo por anos?

Nas semanas que se sucederam, as meninas começaram a ficar mais atentas à presença de moradores de rua que escavavam latas de lixo à procura de comida e dormiam sob pontes. Portland continuava sendo a mesma cidade, mas Leslie e Lauren haviam mudado. "Percebemos que os moradores de rua são como os refugiados de nossa cidade", diz Leslie. "E nós temos condições de ajudá-los."

Antes, as meninas nunca tiveram uma boa noção de como servir os moradores de rua. Lauren ainda se lembra de certa vez, quando estava no carro com a mãe, em que ofereceram uma fruta a um homem que estava na calçada. "Não tínhamos a menor ideia de como ele iria comê-la", diz Lauren. "Eu nem tenho certeza de que estava madura."

Contudo, a experiência em um acampamento missionário lhes proporcionou uma nova perspectiva... e uma ideia. Depois de conversar com os pais e um funcionário da Missão de Resgate de Portland, as irmãs deram início ao Hope 2 Others (H2O), [Esperança para os Outros], um ministério que oferece cestas básicas para moradores de rua. As sacolas contêm itens como água mineral, barras de granola, atum e biscoitos, frutas cristalizadas, lenços e toalhas de papel, um vale-refeição e um folheto evangelístico que fala sobre a esperança em Cristo.

"Uma vez por mês, organizamos festas beneficentes e disponibilizamos as sacolas em nossa igreja", explica Leslie. Cada sacola custa três dólares, valor que cobre o preço dos itens que ela contém. O objetivo é que as pessoas que dirigem comprem e mantenham no carro para entregar a moradores de rua que encontrem em seu percurso. É uma solução para suprir algumas das necessidades dessas pessoas carentes.

O projeto permitiu que aquelas garotas "não muito tímidas, mas também não muito extrovertidas" tivessem várias oportunidades de colocar sua confiança em Deus e dessem um passo para fora de sua zona de conforto. Leslie recorda:

> Acho que o momento mais marcante para mim foi quando começamos. Eu e Lauren tínhamos de falar a respeito de nossa ideia aos presbíteros de nossa igreja. Lembro-me de ter ficado meio tonta e tão nervosa que achava que a minha voz não sairia! A reunião correu bem, e agora nosso ministério está funcionando. Na época, porém, eu não tinha certeza disso. Foi uma prova de fogo para mim!

Desde então, Leslie e Lauren (agora com dezesseis e treze anos) já distribuíram cerca de quinhentas sacolas. Elas foram tema de matéria do jornal *The Oregonian*, o maior de seu Estado. A manchete dizia: "Adolescentes abrem o coração aos moradores de rua de Portland".[3]

Doug Hazen, diretor do campo missionário que as inspirou, ficou de tal maneira impressionado com o ministério daquelas meninas que as convidou para falar durante o jantar anual missionário da organização. Além disso, concentrou toda a programação de 2007 do campo missionário em um tema baseado no mesmo conceito de crianças e adolescentes que ajudam as pessoas. "As irmãs Reavely foram minha inspiração", ele diz.

Por causa de toda a atenção que atraíram, as meninas tiveram de desenvolver uma estratégia para lidar com os muitos convites que receberam de outros grupos que desejavam iniciar ministérios similares em suas igrejas e escolas. Lauren explica:

> Começamos enviando CDs sobre como iniciar um ministério H2O e criando um *site* — <http://*hope2others.blogspot.com*> — no qual as pessoas podem receber informações atualizadas sobre o nosso ministério. Tem gente que nunca vimos na vida ajudando nesse ministério. Foi além de nossos sonhos mais ousados.

Apesar do sucesso, as duas irmãs tiveram de lutar várias vezes contra o desânimo, seja porque a venda das sacolas não era tão rápida quanto elas imaginavam, seja porque recebiam críticas em relação à forma de abordagem do problema.

"Nesses momentos, parece que Deus sempre nos oferece encorajamento por meio daqueles que foram influenciados pelo ministério", afirma Leslie. "É sempre uma alegria ouvir falar de pessoas entusiasmadas por falar do amor de Deus quando entregam as sacolas, ou ver a reação dos moradores de rua ao recebê-las."

Uma de suas histórias favoritas ocorreu quando elas entregaram uma sacola a uma moradora de rua em um semáforo. Enquanto o sinal não abria, elas ficaram assistindo enquanto aquela mulher abria a sacola para ver o que tinha dentro. Primeiro, ela tirou a barra de granola e, em seguida, o folheto evangelístico. Para alegria das meninas (sim, elas quase dançaram dentro do carro), aquela senhora leu o folheto atentamente, mesmo depois que o sinal abriu!

"Nosso objetivo maior é ver as pessoas famintas, sem-teto e sem esperança descobrindo a esperança em Cristo", afirma Lauren, "mas achávamos que elas não liam os folhetos. Quando vimos o interesse daquela senhora na mensagem nos lembramos de que Deus *pode* todas as coisas".

Na verdade, aprender a confiar em Deus para realizar o impossível por intermédio delas tem sido a maior lição de todo esse processo na vida de Leslie e Lauren.

> Nada é impossível com Deus! Se você tiver uma paixão ou um desejo de fazer alguma coisa por Deus, não diga: "É impossível" nem feche a porta por causa da dúvida ou do medo. Deus pode fazer tudo, e é possível que ele deseje fazer isso por seu intermédio! Não subestime o Criador. Ele pode realizar coisas que ultrapassam as nossas expectativas. Sei disso porque ele fez o mesmo por mim.
>
> Leslie Reavely, dezesseis anos

Brantley Gunn: o campo missionário é a casa do vizinho

Seja contrabandeando Bíblias para a China, seja sendo assaltado na África ou inaugurando organizações sem fins lucrativos em sua cidade natal, Jackson, no Mississippi, o jovem Brantley Gunn,[4] de dezesseis anos, olha para si como um adolescente normal que faz algumas coisas um pouco incomuns por uma razão muito boa.

"Cumprir a Grande Comissão sempre foi a coisa mais importante em nossa família", ele diz. "Lembro-me de trabalhar com a minha família no Exército de Salvação quando ainda era bem pequeno, preparando o sopão e entregando alimento a famílias pobres nos feriados."

Aos onze anos, Brantley participou de viagens missionárias de curta duração com sua igreja. Ele ainda se lembra de carregar malas cheias de Bíblias pelas ruas da China com o pai. Foi então que ele começou a sentir o chamado divino para viver a Grande Comissão, algo que ultrapassaria as viagens patrocinadas pela igreja em ocasiões especiais.

Um ano depois, Brantley participava de outra viagem missionária, dessa vez no Quênia. As primeiras coisas que viu foram ruas enlameadas, muitos insetos no ar e cabanas precárias feitas de uma mistura de gravetos com excremento de vaca. Uma delas servia de abrigo para seis pessoas, duas cabras, uma vaca e três cachorros. Havia insetos em todo lugar.

"Eu gostaria que todos os jovens dos Estados Unidos pudessem passar pelo menos um dia em um lugar como aquele", diz Brantley. "A transformação seria poderosa. Acho que isso motivaria as pessoas a perseguir tesouros celestiais, em vez de buscar os materiais."

A experiência de Brantley abriu seus olhos à beleza partida do mundo e o ensinou a importância de suprir tanto as necessidades físicas quanto as espirituais das pessoas. "Jesus costumava tratar as necessidades físicas das pessoas antes de cuidar das espirituais", comenta. "Afinal de contas, é difícil acreditar no céu quando a pessoa está morrendo de fome."

Quando Brantley voltou para casa, no Mississippi, seus pensamentos começaram a cristalizar ao mesmo tempo que seu "novo olhar" começou a enxergar as semelhanças entre as cabanas africanas em Nairóbi e as habitações precárias nos guetos de Jackson. Uma breve pesquisa confirmou suas suspeitas. Ele já vivera em alguns dos lugares mais pobres e carentes dos Estados Unidos.

O campo missionário de Brantley Gunn estava diante da porta de sua casa.

Munido da santa ambição de "cuidar dos órfãos e das viúvas em suas dificuldades" (Tg 1:27), Brantley deu início à organização Students Aiding Indigente Families (Saif), [Ajuda Estudantil a Famílias Carentes], instituição beneficente que ajuda as famílias necessitadas do Mississippi. A Saif compra casas abandonadas e em mau estado das favelas de Jackson; em seguida, recruta equipes de estudantes para fazer reparos nessas casas e colocá-las em condições de serem habitadas, deixando-as quase como novas. Quando a casa está pronta para ser vendida, Brantley ajuda o novo proprietário a conseguir o financiamento necessário para adquiri-la — geralmente, uma mãe solteira e pobre.

Nem é preciso dizer que dar início a um trabalho dessa envergadura não foi fácil. Brantley passou horas pesquisando a melhor maneira de formar uma organização beneficente. Ele também visitou outros grupos de ação social e investidores do ramo imobiliário. Três anos depois do lançamento, a Saif havia atraído mais de duzentos estudantes à causa, trabalhando com uma receita de mais de cem mil dólares anuais. No entanto, Brantley ainda se lembra de quando começou, sem dinheiro, sem apoio e sem experiência.

"Qualquer outro adolescente de treze anos que tivesse de enfrentar obstáculos aparentemente intransponíveis como esses teria *jogado a toalha* logo no início e largado tudo para jogar videogame", afirma Steve Guyton, um dos adultos que fazem parte da diretoria da Saif, "mas não Brantley. Ele realmente tem muita garra".

O mais interessante é que Brantley provavelmente discordaria desse comentário. "Não me vejo como alguém especial ou extraordinário", ele nos disse. Na verdade, Brantley considera a atenção que atraiu como algo "surpreendente" e "constrangedor". Esse comentário vem de um sujeito que lutou por muito tempo contra o Transtorno do Déficit de Atenção com Hiperatividade (*TDAH*) e que era alvo de chacotas no colégio por se baixinho (embora ele tenha registrado um aumento significativo de altura nos últimos meses).

"Acho que muitos adolescentes podem fazer o mesmo que eu", ele diz, "mas a maioria deles se preocupa mais com coisas como futebol e torcida. A única diferença entre nós é que eu me concentro em coisas diferentes".

Isso não significa, é claro, que Brantley não saiba se divertir. É só colocá-lo em uma pista de motocross que ele é capaz de saltar tão bem quanto os melhores — e ele mostra os ossos que já quebrou para provar isso. Talvez, porém, seja mais adequado dizer que a definição de "diversão" para ele seja mais inclusiva: servir as pessoas, fazer diferença e agradar ao Deus em que crê.

Uma de suas histórias favoritas é sobre uma mulher chamada Hannah, que morava em uma favela infestada de ratos e baratas. Ela tinha duas filhas com graves limitações físicas e sobrevivia com uma renda mensal muito baixa. A Saif descobriu a realidade de Hannah e estabeleceu sua família em uma casa remodelada de três quartos situada em uma ótima vizinhança. A prestação era correspondente a uma fração do que ela pagava de aluguel.

> Quando entreguei as chaves da casa nova àquela senhora, ela abriu um largo sorriso e começou a chorar de alegria. Meu brilho reflete o sorriso no rosto de pessoas a quem ajudo, como Hannah, e é mais forte do que o próprio sol.
>
> Quando estou envolvido na obra missionária, sinto o mesmo prazer de Deus. Sinto que estou fazendo sua vontade. Para mim, é isso que significa viver uma vida plena e divertida como adolescente.
>
> Brantley Gunn, dezesseis anos

O que é... e o que poderia ser

"Acredito que a desvalorização dos jovens aos olhos do mundo é exatamente o fator que levará a nossa geração a fazer algo muito grande", opina o jovem de dezenove anos com entusiasmo, mudando de posição na poltrona estreita. A viagem de ônibus é agradável, mas o espaço não é dos mais generosos. "Eu acho mesmo que a nossa geração está se dedicando com uma intensidade cada vez maior. É uma paixão que só precisa ser liberada para que os jovens possam realizar alguma coisa justa e pura."

Dentro do ônibus do cantor Leeland Mooring poucos minutos antes de sua banda subir no palco do Memorial Coliseum, em Portland, é difícil não pensar naquele rapaz como uma espécie de "irmão desaparecido" — descontando, é claro, o cabelo ruivo e a genialidade musical (por alguma razão, ele não nos pediu para fazer parte da banda). Tirando as diferenças físicas, as palavras que ele usou tinham tudo a ver com as coisas que também tínhamos a dizer. Leeland prosseguiu:

> Acho que a nossa geração não aguenta mais este mundo; não aguenta mais nada do que ele tem para oferecer. A única razão pela qual os jovens perseguem as coisas deste mundo é porque eles não enxer-

gam outra alternativa. Não enxergam mesmo. É por isso que nossa missão como banda é fazer nossa geração despertar. Queremos vê-la fazendo coisas radicais. Queremos que o coração dos jovens se incendeie pelo evangelho de Jesus Cristo.

"Tem certeza de que não somos parentes?"

Desde que começamos essa jornada extraordinária, há dois anos e meio, de vez em quando nos impressionamos ao ouvir o mesmo clamor sincero de jovens ao redor do mundo — uma inquietude crescente que finalmente ganhou voz.

Leeland tem razão. A nossa geração *está mesmo* pronta para uma alternativa. Nós *estamos* prontos para fazer alguma coisa bem grande. Neste capítulo, você conheceu alguns heróis improváveis que já estão abrindo caminho no que diz respeito a uma redefinição do conceito de adolescência. Eles tinham doze anos quando começaram a combater a escravidão; ou catorze quando passaram a se compadecer dos moradores de rua; ou dezessete quando chegaram à conclusão de que coordenar uma campanha política de 55 mil dólares não era uma tarefa impossível.

Embora este capítulo mostre apenas parte de uma realidade bem maior, esperamos que você tenha conseguido vislumbrar o que essa realidade é... e o que poderia ser. Uma geração está despertando. Podemos sentir isso. *Rebelucionários* como Zach, Jazzy, Brittany, Leslie, Lauren, Brantley e Leeland nos ajudam a ver isso. É uma realidade. Está acontecendo. Agora é hora de escrever a sua história.

CAPÍTULO 12

MUNDO, CONHEÇA SEUS *REBELUCIONÁRIOS*

Como transformar uma decisão em um destino

Depois de uma caminhada exaustiva de duas horas, finalmente alcançamos o ponto mais alto da cadeia de montanhas de Front Range, no Colorado. As paredes da ravina bloquearam o sol da primavera durante a subida. Fomos de um lado para o outro, no mínimo, uma dúzia de vezes. Ambos havíamos escorregado pelo menos uma vez nas pedras cobertas de gelo, e a parte de baixo da calça jeans dos dois estava dura por causa do frio. Agora o calor do sol começava a nos aquecer o corpo à medida que olhávamos a paisagem.

Era de tirar o fôlego.

Logo abaixo podíamos ver o velho castelo em Glen Eyrie cercado por uma floresta densa. Um pouco além está situada a cidade de Colorado Springs, emoldurada em um lindo céu azul salpicado de nuvens brancas. À esquerda víamos a joia que é o Jardim dos Deuses com suas formações rochosas vermelhas gigantescas. A única coisa acima de nós era a montanha Pikes Peak, coberta de neve. Até mesmo os gaviões voavam abaixo de onde estávamos.

Cuidadosamente pegamos o caminho até uma marquise de pedra que se estendia sobre o desfiladeiro antes de pararmos para descansar, ler a Bíblia e orar. Sentados entre o céu e a terra, sentimos nossa pequenez e a grandeza inimaginável de Deus.

Aquela manhã inesquecível aconteceu em meio a um período de muita agitação e estresse. Tínhamos acabado de finalizar o lançamento dos resultados da pesquisa sobre decência e estávamos fazendo os preparativos da primeira conferência nacional naquele verão. Até mesmo nossa viagem ao Colorado estava relacionada à Rebelução e ao trabalho. No entanto, quando sentamos ali, ao sol, vendo o mundo do alto, as conferências pareceram não ser um empreendimento tão grande nem nos sentíamos mais tão cansados.

Um bom livro pode ser como a nossa experiência na montanha naquele dia. A leitura nos arrebata da tensão diária e transporta para um novo lugar. Passamos um tempo no topo, vendo as coisas a partir de uma nova perspectiva e com maior clareza. As forças começam a ser recuperadas. Depois disso, a pessoa está pronta para voltar ao vale e viver com um propósito renovado.

Oramos que esta obra tenha sido como essa trilha para você. Como dissemos no início, este é um tipo diferente de livro para adolescentes. Ele desafia o leitor a adotar um jeito melhor, porém mais difícil de viver a adolescência e os anos posteriores. Sabemos que *Radicalize* não é um livro fácil de mensagem fácil, mas tentamos fazer mais do que simplesmente falar sobre conceitos. Nossa intenção foi mostrar a você a beleza desses conceitos quando colocados em prática na vida de jovens de todo o mundo.

Quando você olhar para trás, esperamos que veja quanto avançou. Primeiro, abordamos o mito da adolescência e o verdadeiro propósito desse período da vida, que é a nossa melhor oportunidade de nos lançarmos a um futuro empolgante. Em seguida, esmiuçamos a mentalidade revolucionária contida no conceito de "pegar pesado", dividindo-o em cinco categorias de ações que podem mudar o seu mundo:

- As coisas que levam você além de sua zona de conforto — os riscos que precisamos assumir para nos desenvolvermos.
- As coisas que ultrapassam as expectativas e demandas — como perseguir a excelência.
- As coisas grandes demais para serem realizadas individualmente — a importância de sonhar grande e com ousadia.
- As coisas que não nos proporcionam retorno imediato — manter a fidelidade e optar pela integridade.

- As coisas que contrariam a norma da cultura atual — manter a convicção em relação aos valores nos quais acreditamos.

Nos últimos capítulos, voltamos para analisar a Rebelução como movimento. Perguntamos como uma nova geração poderia ser sal e luz reunindo os três pilares do movimento *rebelucionário*: um caráter cristão, competência que honre a Deus e colaboração capaz de alcançar o mundo todo. No capítulo anterior conhecemos parte das histórias inspiradoras que já estão sendo vividas a partir do crescimento dessa contracultura *rebelucionária*.

Agora você chegou ao ponto mais alto, e esperamos que tenha formado uma visão pessoal em relação a uma maneira nova e empolgante de viver. Conforme você se prepara para voltar à rotina do mundo real, queremos contribuir com algumas reflexões encorajadoras e inspiradoras. Isso porque a vida real é o lugar onde você começará a gerar a história mais importante deste livro: a sua.

Não deixe cair no esquecimento

Uma experiência de escalada tem o poder de nos deixar muito entusiasmados. No momento da subida, as prioridades são claras e a trilha à frente é fácil de ser discernida. No entanto, quando você começa a descer, esse entusiasmo todo pode desaparecer. Ao voltar para o vale, você começa a ver mais obstáculos e menos panorama. Já não se sente mais tão invencível (ou, como aconteceu com um de nós durante a descida do monte, você pode escorregar e cair com as mãos sobre um cacto).

Partir de uma grande ideia para uma mudança significativa é duro.

Por isso, temos de perguntar: como fazer uma transição bem-sucedida entre a leitura de boas ideias e a aplicação prática dessas ideias? Como assimilar o que se aprendeu para que não caia no esquecimento? E (a pior das hipóteses) como manter a visão majestosa na mente enquanto se tiram os espinhos do cacto da mão? A resposta é: traçando um curso bem-definido.

Neste capítulo, queremos mostrar a você como tornar a sua *rebelução* uma experiência duradoura, progressiva e abençoada por Deus. Os três exemplos a seguir podem não ter identificação direta com os seus desafios da vida real, mas acreditamos que cada história ilustra soluções práticas para qualquer *rebelucionário* disposto a dar os primeiros passos.

Chega do velho

Noah é aluno do primeiro ano do Ensino Médio em Barnesville, na Geórgia. Ele percebeu que ser um *rebelucionário* significa não ignorar as concessões que se faz na vida. Seu pastor de juventude pregou uma mensagem de forte impacto há pouco tempo a respeito de Hebreus 12:1: "Portanto, também nós, uma vez que estamos rodeados por tão grande nuvem de testemunhas, livremo-nos de tudo o que nos atrapalha e do pecado que nos envolve, e corramos com perseverança a corrida que nos é proposta...".

Noah sabe que alguns pesos em sua vida o impedem de correr tão bem quanto poderia. Seu vício em um videogame chamado *Halo*, por exemplo. Ele é um dos melhores jogadores que conhece, e por uma boa razão: joga quase todo dia, com frequência até bem tarde da noite. Suas notas no colégio pioraram por causa disso, assim como a relação com os amigos e com os membros de sua família. Na verdade, tirando os dias em que vai à igreja com os pais ou com a irmã mais nova, toda semana, ele raramente passa algum tempo com a família.

Não é a primeira vez que Noah se sente culpado em relação a todas essas coisas. No verão passado, ele participou de uma viagem missionária de curta duração para o México com o grupo de jovens. "Depois que voltei para casa, parei de jogar *Halo* durante todo o verão", ele conta. "Mas assim que recomeçaram as aulas, não sei por que, eu meio que voltei a fazer as mesmas coisas de antes."

Dessa vez a coisa será diferente. "Sei que, se realmente desejo começar a fazer novas coisas radicais, tenho de me livrar de algumas coisas antigas primeiro", explica Noah.

O primeiro passo: "Chega de *videogame*".

Aqui está o "plano de ação *rebelucionário*" de Noah, dividido em cinco etapas:

1. *Colocar meu Xbox 360 à venda no eBay.* Noah não está dizendo que nunca mais jogará *Halo* na vida, mas reconhece que precisa parar totalmente por um tempo. Além disso, dizer aos amigos da escola que se livrou de seu Xbox dará a ele uma oportunidade perfeita para explicar por que tomou essa decisão.
2. *Reorganizar meu quarto — literalmente.* Antes de cumprir essa etapa, o quarto de Noah era um covil do *Halo*. Toda a mobília estava virada na direção da televisão. Até mesmo os pôsteres na parede eram de videogames. Agora, a TV foi colocada na garagem e um monte de coisas foi jogada no lixo ou guardada em caixas. Noah criou um pôster inspirado no conceito de "pegar pesado" para colocar na porta de seu quarto e limpou a mesa para ganhar espaço para os estudos. O ato físico de reorganizar o quarto ajudou a reforçar a decisão de se tornar um *rebelucionário*.
3. *Pedir ao pastor Jon que recomende alguns bons livros.* Noah costumava ler muito quando era mais novo, mas depois perdeu esse hábito. Ele decidiu conversar com seu pastor e pedir a recomendação de alguns bons livros da biblioteca da igreja.
4. *Passar um tempo com a minha irmã pelo menos uma vez por semana.* Noah ainda se lembra de quando ingressou no Ensino Médio e dos desafios que essa fase de sua vida apresentou. Ele sempre quis ter um irmão mais velho que pudesse lhe dar as dicas a respeito desse período novo no colégio. Agora sua irmã, Michelle, está passando pela mesma transição, e Noah quer ajudá-la. Seja dando uma escapadinha para tomar um café depois do colégio, seja uma visita breve ao armazém, isso fortalecerá o relacionamento entre os dois e lhes proporcionará tempo para dialogar.

5. *Acompanhar papai ou mamãe em um projeto de trabalho pelo menos duas vezes por mês.* O pai de Noah realiza trabalhos na casa quase todo fim de semana, mas, nas raras ocasiões em que recebeu a ajuda do filho, o garoto ficava em outro aposento ou do outro lado do jardim. Noah decidiu trabalhar ao lado do pai, de maneira que os dois pudessem conversar enquanto estivessem realizando as tarefas. Faltavam poucos anos para ele se formar, e Noah queria saber que orientações o pai tinha para dar em relação às coisas radicais que o filho poderia fazer agora como forma de se preparar para o futuro. Ele tem um plano equivalente em relação à mãe, a quem quer ajudar em tarefas na cozinha.

Pergunte a Noah e ele dirá que está muito mais entusiasmado do que antes. "É claro que é apenas um começo", ele reconhece, "mas o que importa é o objetivo. Há pouco tempo, eu não tinha objetivo algum! E, embora eu saiba que, às vezes, será difícil manter meus planos, sei que valerá a pena. É isso que significa 'pegar pesado', não é?".

Ajudando aqueles que estão sozinhos

Para Serena, ser uma *rebelucionária* significa redimir-se de alguns anos desperdiçados em termos de pureza sexual. Ela sabe que Deus a perdoou, e agora sua paixão é por ajudar outras garotas (especialmente as amigas latinas) a evitar cometer os mesmos erros em que ela incorreu. Em seus círculos de amizades no colégio e no trabalho, ela conhece garotas que não querem se render às pressões da cultura moderna a respeito do modo de vestir e dos relacionamentos, mas não sabem como fazer para enfrentar esse problema sozinhas.

"Tantas garotas por aí estão magoadas e confusas", diz Serena. "Eu também era exatamente assim. Quero ajudar a iniciar uma *rebelução* nessa questão [da pureza sexual]."

Serena deseja fundar um ministério voltado à defesa da pureza sexual. Há muitos detalhes a ser resolvidos, mas ela percebe que está na hora de dar o primeiro passo. Se Deus colocou essa santa ambição no coração dela, também a ajudará a realizar esse sonho.

Aqui está o "plano de ação *rebelucionário*" de Serena, dividido em cinco etapas:

1. *Ligar para a sra. Lopez e marcar um café assim que possível.* Uma das pessoas que mais influenciaram positivamente Serena, especialmente na mudança do antigo padrão de relacionamentos desfeitos, foi uma senhora de sua nova igreja. Elas se conheceram durante um evento musical evangelístico meses antes. A sra. Lopez orou e clamou por Serena, com quem compartilhou sua própria história de pecado e redenção. Foi ela quem apresentou a jovem a novos amigos cristãos. Agora Serena deseja pedir à sra. Lopez que seja sua mentora quando ela embarcar em sua aventura *rebelucionária*.
2. *Criar um* blog *e começar a escrever artigos.* Com o tempo, Serena quer montar um *site* completo com histórias, artigos, fóruns de discussão e um apelo à pureza. Talvez ela até publique uma revista impressa. No momento, porém, a melhor maneira de começar é com um *blog*. Ela pode criar *links* com outros *sites* na barra lateral e um endereço eletrônico para que as garotas possam entrar em contato. Os primeiros artigos serão o relato de sua história e as lições que aprendeu. Logo ela terá histórias de outras garotas para postar.
3. *Enviar uma mensagem para Nikki e perguntar se ela poderia ajudar a desenhar um folheto.* Nikki é uma *rebelucionária* educada em casa que vive na Pensilvânia. Ela também é uma ótima artista gráfica. Serena nunca a conheceu pessoalmente, mas elas começaram a trocar mensagens durante uma discussão sobre a pureza sexual no *site* da Rebelução. Desde então, mantiveram contato. Ela sabe que Nikki ficará feliz por dese-

nhar um folheto com uma mensagem de Serena e um *link* com seu *blog*.

4. *Pedir a Sarah que me ajude a divulgar o* blog *no colégio.* Sarah é a melhor amiga de Serena e uma pessoa muito comunicativa. Ficamos sabendo que adjetivos como "amigável" e "simpática" não são suficientes para fazer justiça ao seu espírito. Serena, por sua vez, é mais reservada. A ideia de entregar folhetos no colégio a assusta um pouco. Quer dizer, muito. Se Sarah a acompanhar, Serena sabe que poderá se sentir mais confiante e não vai *amarelar*.
5. *Descobrir o que é necessário para fundar uma organização não lucrativa.* Serena ouviu dizer que é necessário passar por alguma burocracia para fundar uma organização não governamental, por isso fará algumas pesquisas para descobrir como proceder. Ela não precisaria fundar uma ONG oficial, mas, como já está envolvida nesse propósito há muito tempo, não quer que nada limite aquilo que Deus pode fazer por seu intermédio.

Serena tem uma ambição santa, e como a maioria das ambições santas, não chegou toda pronta para ela. Alguns detalhes tiveram de ser estudados. "Sinceramente, não sei o que vai acontecer", ela diz, "mas sei que nada acontecerá enquanto eu não tiver a certeza de que Deus está aprovando o meu primeiro passo".

Repensando as companhias

Para Brandon, um adolescente de catorze anos, a fase 1 da Rebelução consiste em reavaliar completamente suas companhias. Ele se convenceu disso quando leu Provérbios 13:20, que fala sobre "aquele que anda com os sábios" e "o companheiro dos tolos". Ele percebeu que, se deseja se rebelar contra a desvalorização dos adolescentes e viver de maneira radical para Cristo, precisará de amigos que o incentivem a lutar para alcançar os padrões mais elevados. Ele ainda não chegou lá.

Na verdade, Brandon percebeu que muitos daqueles amigos que afirmam ser cristãos não vivem como tal. Pior do que isso, ele viu que, com o tempo, passou a ser influenciado pelas piadas que eles contavam e pela linguagem que utilizavam. Brandon sabe que não pode falar daquela maneira em casa, mas começou a usar esse linguajar no colégio em um esforço para poder se enquadrar. Deu certo — todos aqueles amigos riram e lhe deram tapinhas nas costas —, mas Brandon não quer mais saber disso.

"Jesus disse que não adianta ganhar a admiração do mundo e perder a própria alma", diz Brandon. "Será que prefiro agradar a meus amigos ou a Jesus?"

Brandon também entendeu que suas companhias não se limitam às pessoas. "Se as companhias humanas mais nocivas prejudicam você, será que filmes e revistas na mesma linha não provocam um efeito igualmente negativo?", ele questiona. "Nunca pensei nessas coisas como 'companhia' até agora, mas é o que são de fato."

Ele admite que, às vezes, passa mais tempo com essas companhias do que com os amigos de carne e osso. "E a verdade é que eles são todos bem deprimentes."

Aqui está o "plano de ação *rebelucionário*" de Brandon, dividido em cinco etapas:

1. *Falar com o pai e a mãe sobre tudo.* Essa é a coisa mais difícil da lista de Brandon. É por isso que ele a colocou em primeiro lugar. Ele quer que seus pais saibam o que está acontecendo no colégio e o que Deus tem feito no coração do filho. Ele sabe que, se deseja mesmo mudar, precisará do apoio e das orações dos pais.
2. *Falar com Jake e Logan no colégio amanhã.* Jake e Logan são os melhores amigos de Brandon no colégio. Mais do que tudo, ele deseja que os dois o acompanhem nessa rebelião contra a desvalorização dos adolescentes. Brandon sabe que o primeiro passo para a transformação de seus amigos é mudar o tipo

de amigo que *ele mesmo* é, e planeja falar com Jake e Logan a respeito da Rebelução, convidando-os a ler este livro.

3. *Convidar Andrew Holt e Brady Smith para um encontro no fim de semana.* Brandon sabe que, além de tentar se tornar uma companhia mais sábia para seus amigos do colégio, ele precisa se cercar de novos companheiros que o ajudem a se manter na trilha certa. Andrew e Brady são um ou dois anos mais velhos do que Brandon, mas são líderes em seu grupo de jovens e o apresentaram à Rebelução. Eles disseram que gostariam muito de vê-lo mais envolvido na igreja, e Brandon pretende ouvir o que esses amigos têm a dizer.
4. *Reduzir o uso da internet, a não ser para os projetos do colégio.* Esta etapa tem a ver com aquelas companhias virtuais: vídeos *online*, mangás e videogames. Brandon reconhece que a tecnologia pode ser uma ferramenta ou um brinquedo, dependendo da maneira pela qual é usada. Recentemente, porém, ele vinha usando a internet para fazer contato com muitos "amigos tolos", e estava na hora de parar com isso. Além disso, ele diz que ser um *rebelucionário* exigirá dele todo o tempo extra de que dispuser. "E isso é uma coisa boa!", garante.
5. *Passar pelo menos trinta minutos por dia lendo a minha Bíblia.* Brandon entende que mais importante do que encontrar boas companhias é conhecer o Grande Companheiro; e não há nenhuma maneira melhor de fazer isso do que lendo a Palavra de Deus. Brandon não sabe se conseguirá fazer isso sempre antes do colégio, mas está convicto de que deve transformar a leitura bíblica em uma de suas prioridades. Para isso, dedicará às Escrituras a primeira hora livre de que dispõe a cada dia. E a redução no tempo de uso da internet ajudará.

Brandon ainda não sabe como será a fase 2 da Rebelução em sua vida, mas está confiante de que Deus o honrará se ele permanecer humilde.

"Até onde sei, sou o primeiro *rebelucionário* em meu colégio", ele diz, "mas sei que há outros adolescentes procurando por algo mais. Talvez eu possa ajudar a mostrar o que lhes falta".

A história que ainda não foi contada

Pense na trilha *rebelucionária* que você acredita que Deus colocou diante de *sua* vida. Depois de ler esses três perfis, será que pensou em alguma "primeira etapa" prática para dar início a esse processo em sua vida? Notamos que há alguns aspectos recorrentes nas experiências de Noah, Serena e Brandon. Por exemplo:

- Eles identificaram a área em que precisavam agir com honestidade.
- Eles decidiram que as ações ou os padrões negativos precisavam chegar ao fim.
- Eles reconheceram as pessoas que mais poderiam ajudá-los a sair do ponto A para o ponto B e elaboraram um plano para não perder contato com elas.
- Eles imaginaram um ou dois passos efetivos estratégicos que, uma vez dados, tornaria bem mais difícil *amarelar* ou voltar atrás, e decidiram quando e como dar esses passos.
- Eles reconheceram que não conseguiriam sucesso em seus planos sem a ajuda de Deus, por isso elaboraram um plano prático para se manter em comunhão com ele.
- Eles mantiveram a expectativa de sucesso, e isso os entusiasmou.

As pessoas nos perguntam onde a Rebelução estará dentro de dez anos. Dizemos a elas que não sabemos os detalhes — é uma pergunta impossível de ser respondida. Mas, se houver adolescentes suficientes para seguir exemplos como os de Noah, Serena e Brandon (e os muitos *rebelucionários* que você conheceu neste livro), não temos dúvida alguma de que a mensagem e o impacto da Rebelução continuará crescendo e se espalhando. Jovens como você estão apenas começando a escrever a história da vida, colocando em prática a visão panorâmica que tem aquele que chega ao ponto mais elevado.

Um dia, se Deus quiser, milhões de pessoas serão inspiradas pela história que ainda não foi contada. E essa história é a sua. Qual é o "plano de ação *rebelucionário*" que você precisa começar? Reserve alguns minutos para colocá-lo no papel. Suas palavras serão o registro de seu novo começo. Em seguida, junte-se a nós e a muitos outros jovens nessa aventura.

Sim, teremos de "pegar pesado". Mas nós somos *rebelucionários*. Gostamos de fazer coisas radicais.

NOTAS

Capítulo 2

[1] Malcolm GLADWELL, *O ponto de desequilíbrio*, Rio de Janeiro: Rocco, 2002.

[2] Edmund MORRIS, *The Rise of Theodore Roosevelt*, New York: Modern Library, 2001.

[3] Nancy PEARCEY, *Verdade absoluta*, Rio de Janeiro: CPAD, 2006.

[4] Brian GREENE, *O tecido do cosmo*, São Paulo: Companhia das Letras, 2005.

[5] Thomas Friedman, *O mundo é plano*, Rio de Janeiro: Objetiva, 2005.

[6] Dawn EDEN, "Think Big! HS Twins Tell Peers", *New York Daily News*, ed. 28 de ago. de 2005, *<http://www.nydailynews.com/archives/news/2005/08/28/2005-08-28_think_big_hs_twins_tell_pee.html>*.

[7] John EHINGER, "Judicial-Race Excesses", *The Huntsville Times*, ed. 3 de out. de 2007.

Capítulo 3

[1] Friedrich HEER, *Challenge of Youth* [O desafio da juventude], Tuscaloosa: University of Alabama Press, 1974, p. 128, grifos autor.

[2] John Taylor GATTO, *The Underground History of American Education* [A história secreta da educação nos Estados Unidos]. Oxford: Oxford Village Press, 2000, p. 23-24, 30-33.

[3] David BARNHART e Allan METCALF, *America in So Many Words*, Boston: Houghton Mifflin, 1997, p. 233-234.

[4] Asa HILLIARD III, "Do We Have the Will to Educate All Children?", *Educational Leadership* 49, n. 1, set. de 1991, p. 31-36, citado em Linda Lumsden, "Expectations for Students", *ERIC Digest* 116, jul. de 1997.

[5] Denise Witmer, "Teach Teens Responsibility by Setting Expectations" ["Ensine os adolescentes a serem responsáveis estabelecendo as expectativas"], <*http://parentingteens.about.com/od/agesandstages/a/responsibility.htm*>.

[6] A *Nova Versão Internacional* (NVI) apresenta duas ocorrências da palavra "adolescência": em Marcos 10:20 e Lucas 18:21; a versão *Almeida Revista e Corrigida* (RC) contém uma referência, em Eclesiastes 11:10; nas versões *Almeida Revista e Atualizada* (RA) e *Nova Tradução na Linguagem de Hoje* (NTLH) não há ocorrências da palavra. (N. do T.)

Capítulo 4

[1] Christian Smith and Melinda Lundquist Denton, *Soul Searching* [Em busca da alma], New York: Oxford University Press, 2005, p. 98-99.

[2] J. C. Ryle, *Thoughts for Young Men*, Amityville: Calvary Press, 1996, p. 10.

[3] Lev Grossman, "Grow Up? Not So Fast" [Crescer? Não tão rápido], em Time.com, 16 de jan. de 2005, <*www.time.com/time/magazine/article/0,9171,1018089,00.html*>.

[4] John Piper, *Roots of Endurance* [As raízes da persistência], Wheaton: Crossway, 2002, p. 126.

[5] Maria Puente, "George Washington Cuts a Fine Figure", em *USA Today*, ed. 12 de out. de 2006, <*www.usatoday.com/travel/destinations/2006-10-12-mount-vernon_x.htm*>.

Capítulo 5

[1] Stanley H. Frodsham, *O apóstolo da fé*. Rio de Janeiro: Danprewan, 2006.

Capítulo 6

[1] *Bits & Pieces*, ed. 28 de mai de 1992, p. 15; v. tb. <*HTTP://net.bible.org/illustration.php?topic=294,* selecione "c", "*complacency*".

[2] São Paulo: Cultura Cristã, 2006.

[3]Charles Haddon SPURGEON, *The treasury of David* [O tesouro de Davi], vol. 1, Grand Rapids: Guardian, 1976, p. 10, www.spurgeon.org/treasury/ps001.htm.
[4]Edmund MORRIS, *The Rise of Theodore Roosevelt* [A ascensão de Theodore Roosevelt], New York: Modern Library, 2001, p. 32-33.

Capítulo 8

[1]Martin Luther KING Jr., "What Is Your Life's Blueprint" (palestra realizada no Colégio Barratt Junior, na Filadélfia, em 26 de out. de 1967, como citado em SeattleTimes.com, *<HTTP://seattletimes.nwsource.com/special/mlk/king/words/blueprint.html>*.

Capítulo 10

[1]Discurso de Francis Schaeffer na Universidade de Notre Dame, abr. de 1981, citado em *Verdade absoluta*, Nancy PEARCEY, Rio de Janeiro: CPAD, 2006.
[2]Sermão de John PIPER intitulado "Holy Ambition: To Preach Where Christ Has Not Been Named" [Santa ambição: Pregar onde as pessoas nunca ouviram falar de Cristo], 26 de ago. de 2007.
[3]Zach HUNTER, *Be the Change* [Seja um fator de mudança], Grand Rapids: Zondervan, 2007, *<www.desiringgod.org/resourceLibrary/Semons/ByDate/2006/1790_Holly_Ambition_To_Preach_Where_Christ_Has_Never_Been_named>*.

Capítulo 11

[1]Zach HUNTER, *Be the Change* [Seja um fator de mudança], Grand Rapids: Zondervan, 2007.
[2]Jeremy V. JONES, "End of Slavery Now", *Breakaway*, mar. de 2007, p. 18-22.
[3]Cornelia SEIGNEUR, "Teens Open Their Hearts to Portland's Homeless", *The Oregonian*, ed. 9 de ago. de 2007.
[4]Sara CORRIGAN, "Brantley Gunn: World Changer", *Breakaway*, jul. de 2007, *www.breakawaymag.com/AllTheRest/A000000575.cfm#*.

Compartilhe suas impressões de leitura escrevendo para:
opiniao-do-leitor@mundocristao.com.br
Acesse nosso *blog*: www.mundocristao.com.br/blog

Diagramação: Set-up Time
Revisão: Polyana Lima
Fonte: Caxton Bk BT
Gráfica: Imprensa da Fé
Papel: Lux cream 70gm² (miolo)
Cartão 250/gm² (capa)